李文萱◎主编

聚焦学科核心素养的课堂教学

华东师范大学出版社
·上海·

图书在版编目(CIP)数据

聚焦学科核心素养的课堂教学/李文萱主编. —上海：华东师范大学出版社,2018
ISBN 978-7-5675-8455-6

Ⅰ.①聚… Ⅱ.①李… Ⅲ.①课堂教学－教学研究 Ⅳ.①G424.21

中国版本图书馆 CIP 数据核字(2018)第 240624 号

聚焦学科核心素养的课堂教学

主　　编　李文萱
策划编辑　刘　佳
项目编辑　林青荻
审读编辑　沈　苏
责任校对　张　雪
装帧设计　张　页

出版发行　华东师范大学出版社
社　　址　上海市中山北路 3663 号　邮编 200062
网　　址　www.ecnupress.com.cn
电　　话　021-60821666　行政传真 021-62572105
客服电话　021-62865537　门市(邮购)电话 021-62869887
地　　址　上海市中山北路 3663 号华东师范大学校内先锋路口
网　　店　http://hdsdcbs.tmall.com

印 刷 者　浙江临安曙光印务有限公司
开　　本　787 毫米×1092 毫米　1/16
印　　张　12.25
字　　数　198 千字
版　　次　2018 年 11 月第 1 版
印　　次　2024 年 3 月第 10 次
书　　号　ISBN 978-7-5675-8455-6/G·11580
定　　价　36.00 元

出 版 人　王　焰

(如发现本版图书有印订质量问题,请寄回本社客服中心调换或电话 021-62865537 联系)

上海市教育科学研究重点项目、上海市哲学社会科学规划教育学课题：
"基于课程标准教学的区域性转化与指导策略研究"研究成果之一

目　录

前言 / 1

第一章　语文学科的"文"与"道" / 1

在语文学科教学中，学生的语言建构与运用、思维发展与提升、审美鉴赏与创造、文化传承与理解等四大学科核心素养的培养，始终都是教师所追求的目标。语文学科是学习语言文字应用的综合性、实践性的课程。语文学科核心素养的培育，在课堂教学上要侧重于学生在语文学习中的自主探究和自我体验，更多地依靠学生自身在读写实践中的摸索、积累和体悟，是学生在教师引导下的自我发展、自我超越和自我升华的过程。例如，在阅读教学中，应通过优秀作品的阅读，披文入情，激发想象力和创造性，提高人文与审美素养；在写作教学中，应引导观察，激励发现，鼓励学生发表自己的个人见解和独特感受，表达真实想法。

1　界定·分析·判断·论证——以思维训练为核心的写作指导课教学设计路径 / 2
2　"淘金式"阅读教学模式 / 8
3　小学作文指导"五环节"教学模式 / 16

第二章　数学学科的"数"与"术" / 25

在数学学科教学中,教师在习惯关注学生的知识、技能目标的基础上,要基于数学抽象、逻辑推理、数学建模、直观抽象、数学运算、数据分析等数学学科核心素养发展,让学生自觉地用数学思维方式和方法去观察、分析社会,解决现实问题,真正做到为形成学生的数学素养而教。数学的思维方式主要包括:观察、想象、猜想、验证、比较、归纳、抽象、概括等。比如在概念教学中要注重概念形成的过程,教师引导学生对感性材料进行认识、分析、抽象和概括,让学生经历思维从抽象到具体再到抽象的过程,培养学生从具体到抽象的思维方法。

1　基于APOS理论的初中数学概念教学模式 / 26
2　初中数学概念课"三阶段四环节多方法"教学模式 / 38
3　小学数学"五学三动"教学模式 / 47

第三章　英语学科的"达"与"雅" / 57

在英语学科教学中,教师在关注学生掌握基本词汇、语法等知识,重视学生"听、说、读、写"各项能力的全面提升的基础上,更要通过英语学科的学习活动培育学生的语言能力、文化意识、思维品质、学习能力的综合发展。在课堂教学过程中,教师要通过创设紧密联系真实生活和社会实际的情境,作为学生语言能力建构的生态场域;要引导学生更多地了解和接触英语国家各方面的信息,增进对中外文化的理解和对优秀文化的认同,并在国际交流中坚定文化自信,增强民族自豪感。

1　高中英语过程性写作教学模式 / 58
2　初中英语记叙文体裁阅读课教学模式 / 69
3　单元视角下体现核心素养的听说教学设计研究——从有效输入到有效输出的初中英语听说课模式探索 / 79

第四章 自然学科的"是"与"真" / 93

物、化、生、科学四门学科都属于自然科学领域,更强调学科观念、科学思维、科学探究、科学态度与责任等学科核心素养的培养。因此,在这四门学科教学中,教师要引导学生经历科学思维和科学探究的过程,同时伴随着科学态度与社会责任感的发展过程和对科学本质的认识不断深化的过程。在课堂教学过程中,教师要注重把学科学习和现实社会生活紧密联系,充分调动学生的求知欲和好奇心,引导学生基于证据和逻辑发表自己的见解,实事求是,认识科学本质,同时使学生理解科学·技术·社会·环境的关系,热爱自然,珍惜生命,具有保护环境、节约资源、促进可持续发展的责任感。

1 基于 APOS 理论的化学概念教学 / 94
2 指向核心素养培育的初中科学"三环节"教学实践研究 / 100
3 "三阶段"主题探究活动模式在初中研究课教学中的实践 / 108
4 小学探究型课程之"问卷调查设计"教学模式 / 119
5 基于《教学基本要求》的科学探究教学模式 / 124

第五章 艺体学科的"美"与"健" / 137

在音乐、美术等艺术学科教学中,教师要注重通过学习和实践培养学生的艺术与审美感知、创意表达或艺术表现,促进从不同文化角度对音乐艺术人文内涵的理解。在课堂教学过程中,教师要重视学生的艺术实践体验与感悟,激发学生艺术学习兴趣、提升学生艺术表现力与创造力的同时,促进学生审美能力的提高,帮助学生构建起正确的艺术审美观。体育学科强调运动能力、健康行为与体育品德核心素养的发展。在课堂教学过程中,教师要强化学生的实践体验,通过适切的体育活动设计激发学生的体育兴趣,让学生了解和掌握科学的健身方法和健康行为养成。培养学生运动能力和运动习惯的同时,促进学生良好体育精神、体育道德和体育品格的形成。

1 高中艺术学科"感受、迁徙、创作"三环节欣赏教学模式 / 138

2　中学音乐学科"以赏带唱"三环节歌唱教学模式 / 146

3　中学体育技能课"目标导向活动"教学设计模式 / 153

4　美术单元教学"四环节"课堂教学模式 / 163

后记 / 182

前　言

　　基于课程标准教学的实质是国家课程在一个区域或学校展开具体实施的过程,是一种课程实施的基本形态与方式,其宗旨是达成学科育人的目的,其重要的主张有三点:一是教学目标、教学过程、教学评价需保持一致性,教学评价的设计应先于教学过程的设计;二是学生的学习过程是一种意义建构;三是教学评价要始终融于教学过程。

　　就一个区域来说,有效实施基于标准的教学是一个复杂的生态系统,涉及三个层面的转化,第一是国家课程标准转化为区域性的实施方案与操作;第二是在区域方案与操作基础上转化为学校的实施方案和操作;第三是由学校的实施方案和操作转化为教师个体的课堂教学。三个层面内在相互衔接,进而将较为宏观抽象的课程标准转化为具体的课堂教学,实现学科育人的目标。

　　自2013年起,我们在充分调研分析徐汇区课程与教学现状的基础上,展开了上海市教育科学研究重点项目暨哲学社会科学一般项目《基于课程标准教学的区域性转化与指导策略研究》的研究,通过项目组及广大教师的不懈探索与实践,取得了以下几方面的成果:

　　1. 研发了从课程标准到课堂教学的实体性工具,具体包括区域层面的《学科教学指南》、学校层面的《学科教学手册》和指向课堂的《课堂教学设计框架》,为广大教师基于课程标准展开教学设计与活动提供了行动支架;

　　2. 围绕基于课程标准教学中教师应该做什么,为何做,以及怎样做等核心问题,构建起了"三位一体,四元协同"的教师行动学习与研修模式,为有效实施基于课程标准的教学和教师的培训提供了操作模型;

3. 初步展开了"三维多元聚合"课堂教学范式的探索,促进了课程标准及其评价落实于具体的教学进程,并最终在教学的输出端体现出应有的效果;

4. 以"纵向贯通横向融合,纵向衔接横向管理,纵向分工横向协同"为主轴,建立了进一步开发和优化区教育学院指导、引领和质量保障功能的行动框架与策略;

5. 从教育生态学的视角,系统分析了基于课程标准教学的区域性转化与指导的方法论原理,初步架构起了实施的方法论体系。

这些成果很大程度上解决了课程标准落实到课堂教学中的路径、工具、方法及专业支撑等重要问题,明显改变了长期困扰广大教师课程实施中的随意与低效状况,教师课程意识明显增强,课程能力得到建构,助推学校形成了质量提升的变革力量。该成果产生了广泛的社会影响,获得了上海市第二届市级教学成果特等奖。

学生发展核心素养的提出、2017版普通高中课程方案和课程标准的颁布,反映了基于课程标准、学科育人的教学探索是一个不断创新的过程,这主要基于三方面的思考:

第一,学生核心素养培育已成为课程与教学的重要价值取向,在此理念下,新的国家课程标准正陆续颁布并实施,这就进一步促使我们需要从人(学生)的终身发展角度和社会发展需要出发,立足于核心素养的培育来考察基于课程标准的教学,通过对各学科核心素养的深入理解与分析,在大单元教学的格局下,将相关内容有机融入转化和评价工具中,并在教学活动中予以落实。

第二,指向学科核心素养的课堂教学,有赖于开展深度学习,使学生的学习活动真正成为自主性的建构性的学习过程,这就要求减少和摒弃课堂中的浅层甚至虚假学习,教师成为学生学习的引领者、维持者和强化者,通过设置蕴含意义(真实情境和问题解决)的任务,展开高投入、高认知和高表现的个性化学习,进而有效促进学生核心素养的发展。

第三，课堂教学永远是课程育人的主渠道与主阵地，是基于课程标准教学的终结输出端，尽管我们前期对其展开了一定的探索与实践，形成了较为丰富的经验和成果，但许多问题未能彻底解决，比如在观念层面，如何真正体现以核心素养培育为指针，以学定教，最大程度上激发学生的学习潜能，实现能力的跃升；在具体操作层面，怎样能够紧密结合学科特点，从课堂教学目标的制订、教学评价的设计、教学程序的编排，乃至教学细节的处置等形成系统操作经验与模式，再构我们的课堂生态。

根据这些思考，我们在初步形成课程标准区域性转化体系的基础上，将研究探索的重心进一步转移到课堂教学，旨在从学科核心素养培育的高度，系统审视现有的课堂教学，分析各学科的具体情况与特点，分别展开深入扎实的临床循证研究，在大量实践的前提下，探寻并揭示操作规律，创生教学范式。

本书是这些实践探索的初步成果，作为前期成果《从标准到课堂——基于课程标准教学的区域性转化与指导策略研究》一书的后续与姐妹篇，我们试图在书中体现出如下特点：

一是前瞻性，虽然研究的是基于课程标准教学的微观领域——课堂教学，但是我们始终将其置于学科核心素养培育的背景下加以考察，以小见大，由具体的学科课堂的教学充分透视出背后的价值取向与教学理念，以体现课程改革新的发展趋势。

二是引领性，本书从各学科教学模式的构建视角出发，分析了核心素养培育背景下学科课堂教学的基本特点、关键要素及操作，从规律性的原理阐述分析，帮助教师立足具体课堂教学又高于具体操作，从整体的系统层面思考课堂，思考教学，感悟其中的规律。

三是实践性，本书提供了中小学各学段翔实的教学模式典型案例，涵盖了基础教育阶段大部分学科，为了充分发挥这些典型案例的启发作用，我们按照学科的共性特征对案例进行分类，并且在每一类案例前提供相应的引导性提示与解读，对本类学科的核心素养内容以及课堂教学各种操作模式中的关键要素加以简要说明，以帮助读者更好地理解这些案例，便于借鉴，并能结合自身实际进行迁移与创新。

诚然，指向学科核心素养的课堂教学是一个常研常新的重要命题，本书旨在抛砖引玉，引发大家对这一命题的进一步深入思考与探索，我们将永不懈怠，执着追求，期待取得更加丰富而有价值的成效。

李文萱

2018.7

第一章

语文学科的"文"与"道"

语文学科核心素养是学生在积极的语言实践活动中积累与构建起来,并在真实的语言运用情境中表现出来的语言能力及其品质;是学生在语文学习中获得的语言知识与语言能力,思维方法与思维品质,情感、态度与价值观的综合体现。主要包括语言建构与运用、思维发展与提升、审美与创造以及文化传承与理解等四个方面。语文学科核心素养体现到课堂教学要求中,既包括语言、思维、审美能力的培养,也涵盖深层次的文化传承理念的培育。因此,在语文学科教学中,学生的语言能力、思维能力、审美情趣、文化品位等始终都是教师所追求的目标。语文学科是学习语言文字应用的综合性、实践性课程。语文学科核心素养的培育,在课堂教学上要侧重于学生在语文学习中的自主探究和自我体验,更多地依靠学生自身在读写实践中的摸索、积累和体悟,是学生在教师引导下的自我发展、自我超越和自我升华的过程。例如,在阅读教学中,应通过优秀作品的阅读,披文入情,激发想象力和创造性,提高人文与审美素养;在写作教学中,应引导观察,激励发现,鼓励学生发表自己的个人见解和独特感受,表达真实想法。

1 界定·分析·判断·论证

——以思维训练为核心的写作指导课教学设计路径

一、写作思维训练的基本环节

高中议论文的写作指导课以思维训练为核心，聚焦分析过程的推进，其过程大致可分为以下四个环节：

界定——分析——判断——论证

所谓"界定"，就是在考察一个有争议的问题时，能够清楚地界定问题（内容、边界等）、澄清定义（问题所涉及的核心概念）；

所谓"分析"，就是能够充分收集、分析与该问题相关的背景信息（不同角度、来源等）及各种观点；

所谓"判断"，就是对理由和论据信息的可信强度、说服力、权重分配等各方面进行判断；

所谓"论证"，是指在综合性地权衡"判断"的有力和薄弱之处之后，得出一个有充分理由支持的观点并呈现理由，加以证明。

以上述思路来规划写作指导课首先是出于对议论文写作特征的考虑。议论性文章的主要写作方式是要求写作者给出理由、比较并评估其他观点、权衡正面或反面的证据，最终作出判断。因而，教学中应突破只在写作技巧上雕琢的局限，深入思维的本质，让学生从如何合理地作出判断开始，发现既有思维习惯上的漏洞，学习真正的基于证据的观点表达。另一方面，这四个环节也力图建构这样一个过程，即通过观测、推理或交流收集信息，分析、评估信息，得出确切的结论。这也是个体通过主动思考，对所了解的事实或观点等进行个人的判断，对做什么和相信什么作出合理决策的认知过程。因此，无论从完善写作过程还是锤炼思维品质的角度，这个写作教学设计的路径都是具有针对性的。

二、结合教学案例的阐释

以下选取两个写作教学案例中的相关内容,具体说明四个环节在教学中的操作要点。

(一)界定问题,澄清概念

对于议论文写作而言,问题的确定如同"抛锚",是写作行为展开的切入口,关系到写作的中心内容,也关联到学生整体的写作状态。

教师在教学中经常从两个方向抛出问题,组织学生开展写作:其一,生活中的真实现象或事件;其二,阅读中产生的疑问或话题。严格来说,无论上述哪个方向,教师给出的都只是论题,甚至只是情境的"描述",学生在具体写作之前要先明确问题的具体内容与指向。

如何指导学生厘清问题的内涵与外延,以下案例可提供过程设计的思路。

1. 生活中的话题——

下学期,学校将给6—12年级的所有学生配备"电子书包",对此你怎么看?

要求学生先独立完成以下两项任务,然后在小组或班级范围内交流:

①了解什么是"电子书包";②分项列出"电子书包"的优点和缺点。

优点	缺点

毋庸置疑,态度、观点的得出是基于"事实"的。在这个话题中,"电子书包"对学生而言是一个陌生的概念,但又是关乎判断的核心概念。教师通过学习任务的设计,让学生通过查询,明确"电子书包"的具体所指,了解"电子书包"的具体特性。这两个步骤,对如何"界定"作出了方法的提示。由此,学生的观点也将在他个人对"电子书包"特性的判断基础上形成。

2. 阅读中的话题——

我看苏轼对李渤之说的翻案

长期以来,《石钟山记》都被赞誉为对前人翻案的经典之作,但另一方面,也有一些文章(如《李渤何"陋"之有?——也谈〈石钟山记〉之偏颇及其深层寓意》《"笑李渤之陋"实可陋——读苏轼〈石钟山记〉有感》等)对苏轼之说提出质疑。由此,"苏轼对石钟山命名原因的翻案是否成立"成了一个有争议的话题。

教师以此为出发点,要求学生重读《石钟山记》,完成以下任务:

请以"我看苏轼对李渤之说的翻案"为题,完成一次读书剪报。

要求:①解释概念:苏轼翻案的具体内容。②阅读两种不同看法的材料(除课文外,至少各3篇),圈画重要依据,并作旁批,概括作者看法。③可以阅读推荐材料,亦可自行另找,但必须均注明基本信息,包括:作者及身份、文章名称、文章来源(课文、专著、报刊、杂志、微信公众号、网络论坛等)。

推荐材料

《辨石钟山记》(唐 李渤)

《石钟山记》(明 罗洪光)

《游石钟山记》(清 周准)

《春在堂笔记》(清 俞樾)

《石钟山寻古》(高维晞)

《庐山及周围地学特征与自然景观》(杨志坚)

《石钟山奇音楼里听奇音》(江西记者)

《"笑李渤之陋"实可陋——读苏轼〈石钟山记〉有感》

相对而言,"翻案之说"的话题内涵更为复杂,问题的聚焦需要在对照不同文章的观点及具体理由的基础上才能明确。因此,这个学习过程的设计更注重材料的收集、解读,有意识地引导学生在写作之前进行充足的阅读和思考准备,写作之前的讨论才具备针对同一问题、同一概念开展的可能。

(二)建立支架,分析信息

在学生明确问题并掌握了一定量的资料(包括事实与观点)之后,教师可通过提供思维的支架,帮助学生开展进一步的分析、整理,推进思考。

1. 围绕"电子书包"话题开展的小组讨论

教师要求学生完成以下学习任务:

① 学生读出自己所罗列的"电子书包"的优缺点。

② 倾听其他同学的表达,每人用表格形式,对"支持"和"反对"的理由做好记录。

支持	反对

③ 每人在表格的左侧增加"视角"一列,从"视角"的角度为各项理由归类,并思考有无可补充的视角。

④ 每人在表格的右侧增加"问题"一列,重新思考各项理由,并记录进一步思考所产生的问题。

最终形成的表格示例如下:

视角	支持	反对	问题
学生	便携减负 提升学习积极性 学习不受时地限制 ……	妨碍人际沟通 易造成注意力涣散 引起视力下降 ……	学生最终获得了 "技能"还是"智慧"? ……
教师	丰富教学手段 方便管理班级 ……	……	在教学实施中 是否真的"有效"? ……
家长	便于家校联系 ……	……	……
学校	……	增加支出 ……	……
社会	环保 ……		……

这个过程的设计使用了表格工具,意在帮助学生对自己所掌握的零散的事实与观点进行梳理;同时,通过同学间的交流,突破个人的局限或偏见,以更细致、更客观的方式检查自己的思考与证据。

表格中的"支持"栏与"反对"栏旨在使学生从尽可能多的视角,吸收、整理并思考某个想法的益处与弊端、优势与不足;左侧的"视角"栏,能让他们在理解周围各种想法的基础上,将思考分析推向更为周密有序的层次。

相较于在给定证据或材料基础上的思考,"问题"栏则更侧重于提供一个发散性思考的机会,鼓励学生通过对新一轮信息的消化,借由新问题的提出,开掘思考的深度、拓展思考的范围。

2. 围绕"苏轼翻案之说"开展的讨论

此处用与上一个案例相同的思路设计了表格,供学生在小组讨论中使用,并要求学生至少各写出两条"支持/反对理由";"证明依据"要与每条理由相对应,至少写出一个依据,且尽量详细。

基本论题	支持理由	证明依据	反对理由	证明依据
我看苏轼对李渤之说的翻案				

在讨论推进的过程中,教师同样提示学生通过在表格左侧增设"角度"一栏,为各项理由归类,并思考有无可补充的角度;进一步,在表格右侧增设"问题"一栏,重新思考各项理由,并记录随之产生的问题。学生借此逐步厘清思路,从探究石钟山得名的事实、精神、方法、条件、意图等不同角度对论题展开分析,并大胆提出质疑。

(三) 评价依据,确立态度

在上个环节的讨论和思维工具(表格)的推动下,学生进入又一轮信息收集、筛选、比较、分析、判断的循环。

以"我看苏轼对李渤之说的翻案"教学设计为例,学生就表格中产生的新问题再次开展小组讨论,通过梳理,进一步明确讨论的核心,并在对原先提出的"理由"加以反思的基础上,重新完善个人的分析、思考和判断。

论题聚焦:苏轼究竟想要推翻李渤之说的哪个(些)地方?我们是否聚焦同一问题上进行讨论?

进一步反思:① (在石钟山得名问题上),李渤是权威吗?

② 苏轼(探究石钟山得名的过程中)真的做到了严谨细致吗?(如何从《石钟山记》中找寻依据?)

③ 探究条件不成熟能否成为否定苏轼翻案的理由?

④ 为自己的不平发声真的可以列为肯定理由吗?是不是太过于主观,和之前追求真理的实践精神相悖?

⑤ 苏轼内心的不满或其他情绪是否影响了他对石钟山得名真相的考证？

借助小组讨论和班级交流，学生可以修正原先个人掌握的论据的漏洞，反思自己的观点、理由；并主动从相反立场对理由、论据进行思考、补充，可以在作结论之前，尽可能考虑到问题的不同角度和多种可能性，尽可能减少和消除反对意见，使自己的思考更充分、合理，观点更清晰、准确、有深度。

（四）权衡强弱，缜密论证

经过收集、分析、判断及思考讨论的过程，学生动笔写作之前还需要对所有的论据、观点进行充分的评估、检视，然后才能组织成文。以下各项为检视这些内容是否符合要求的标准：

1. 能清晰界定核心概念
2. 能权衡各方理由的强度
3. 能考察依据来源的可靠性及普遍性
4. 能考察问题的多视角

以此指导学生有意识地整体性反思论证信息的有力和薄弱之处，并结合表格讨论，完成有具体逻辑框架导引的写作：

我（支持/反对）……。因为……（陈述主要理由）。虽然……（针对反对理由或例外情况），但是我认为……（有限定）讨论的。所以，……（得出最终结论）。

三、关于课例的补充说明

由于论题设置的复杂性，论题聚焦问题始终是课堂教学的一个难点。以本文所引用的《石钟山记》写作案例来说，有两条途径对于解决这一问题会有启发：其一，用考据学的解读方式，追根溯源，带着学生在原始文本（郦道元、李渤原文，而非苏轼转述）中找到石钟山得名的不同说法；其二，从教学环节设计的角度，有意识地把论题切分成"①我看②苏轼对李渤之说的翻案"两部分进行审题。由于是嵌套式论题，不妨在课堂"问题讨论"环节中首先聚焦"苏轼对李渤之说的翻案"，再来解决"我看"这一问题，然后再讨论其他来自学生的问题，这样可能会更好地解决"论题聚焦"的问题，因为这是整堂课讨论的起点。

（程　元）

2 "淘金式"阅读教学模式

一、"淘金式"阅读教学模式提出的背景

(一) 理论背景

《走出思维的误区——批判性思维指南》(Asking the Right Questions: A Guide to Critical Thinking)一书中提出人的思维有两种:

一种是海绵式,那就是吸收。这种方式的好处是吸收的信息越多,就越能理解它的复杂多样。通过海绵式思维获得的知识,可以给往后更复杂的思考打下基础。此外,它快捷简单,并不需要繁复艰辛的脑力劳动。海绵式思维要求的基本脑力劳动是:全神贯注、牢记在心。

另一种是淘金式,由学习者自己选择吸收什么、忽略什么。要想作出这样的选择,学习时必须带着一种特殊的态度——提问的态度,要求学习者主动参与其中。淘金的过程,颇有挑战性,有时还相当冗长烦人,但却能够从中得到更有价值的收获。

海绵式思维重在得到知识,淘金式思维则强调在获取知识的过程中与其进行积极的互动。因此,这两种方法可以相互补充。

(二) 现实背景

在语文教学中常见两种不理想的课堂现象:

1. 课堂教学徘徊于学生已经了解、理解甚至掌握了的内容,学生因重复而厌倦,课堂因无聊而沉闷。例如凡讲到小说必讲"三要素";从预初到高三都在记"唐宋八大家"是哪些人;所有的古诗教学均要搬出"借景抒情""情景交融"……不是说这些知识不要落实,而是教师往往忽略了学生已经是第 N 次接触这些知识和概念,而每一次又

都停留于同一层面,语文课焉能不味同嚼蜡?

2. 课堂教学盘旋于学生认知领域之上,教师高深的话语与学生低浅的认知水平形成两个截然隔离的平面,教师的激昂恰恰带来学生的迷茫,教师的深情只能换来学生的冷淡。

如一位教师在确定《我的叔叔于勒》的教学内容时,让学生对比课文与删节前的原作,试图引导学生得出结论:经删节后的课文主旨是讽刺资本主义社会中人与人之间赤裸裸的金钱关系,而删节前的原作浸透了作者对小人物的无奈命运的同情。这一教学内容本身很有新意,也有深度,可是在实际课堂教学的过程中,学生的理解集中在"父亲吃牡蛎的样子很可笑""非要出去散步说明他们很虚荣""不同年龄的人对穷人的态度是不同的"……面对教师满含深情的表白:"把衣服弄干净去散步,恰是小人物想要改变自己生活的努力",学生只能以沉默来表示对教师的迎合。这种情况的出现很大程度上是因为教师不了解学生对文本的"前理解",尽管在课堂上使尽浑身解数对学生进行暗示、诱导,但学生与教师的思维始终在两个不同的空间以各自不同的轨迹运行着。

其实上述两种低效的课堂教学都源于同一个问题,那便是:教师仅以"海绵式"思维来确定教学内容,课是老师设计的课,学生是被动接受的对象。虽然随着课堂改革的深入,绝大多数老师都对"以学生发展为本"的理念表示认同,但在具体操作的层面上,还是困难重重,教师往往觉得自己已经根据经验来预判学生的情况了,但实际教学效果却并不理想。

二、"淘金式"阅读教学模式介绍

"淘金式"阅读教学模式是基于学生的自主选择,让学生以"提问"的态度,通过与文本进行深层互动来培养其批判性思维,提升语文核心素养的阅读教学模式。"淘金式"阅读教学模式强调学生在前阅读和预思考的基础上提出问题,选择学习方向,教师基于学生的问题和指向,调整教学目标和教学设计方案,在教学过程中弱化内容讲解,强化体验式活动,帮助学生反思阅读过程,提高阅读能力。

"淘金式"阅读教学具有自主性,学生可以自主表达对什么感兴趣,对什么有疑问,而这些将成为课堂教学的主要内容。

"淘金式"阅读教学以学生的"提问"贯穿始终,教师在此过程中扮演推动者、分析者、引导者的角色。

"淘金式"阅读教学通过课前提问、课中探索、课后实践来实现学生与文本的深层互动。其具体流程可以表示为下图：

课前：师生基于目标预设和预学	
教师根据单元目标设计单课目标及教学案	学生完成预学案后提出问题并选择学习内容

⇩

课中：师生深层互动	
教师根据预学案调整教学目标和内容	学生围绕调整后的目标和内容开展学习活动

⇩

课后：师生基于目标评价	
教师根据目标评价学生的作业及反思	学生完成作业并根据目标进行自我评价与反思

三、"淘金式"阅读教学模式的实施过程

特定学生面对特定学习内容的学习起点在哪里？如何让课堂教学的内容不只是老师设计的结果，更是学生主动选择的结果？"淘金式"阅读教学模式采用教师二次设计，学生自主选择的方法，使学习成为绝大多数学生的主动行为。当教学内容的设置更符合学生的需求，课堂教学以最适合学生的方式呈现，学生的思维才会和学习内容发生相应的"化学反应"。

教师的第一次设计主要基于单元教学目标和文本特点，第二次设计主要根据学生的课前阅读和预学案的调查结果。学生的自主选择是指学生课前阅读文本并在预学案中呈现出自己对于相应文本的阅读兴趣及困难，以"淘金者"的思维提出学习需求，并在课堂上进行深入研究。

以下结合沪教版六年级下册《春》的教学设计的形成和实施过程来介绍"淘金式"阅读教学的具体做法。

六年级下册第一单元的主题是"春天来了"，以一组春天的散文和诗歌，让学生学习文学作品中表现春天的常见手法，感受春天的美好。在研读课文之后教师最初的预

设是：

教学目标：

1. 学习作者围绕主题搜索、选择素材，并针对最有特点的细节进行描写的写作方法。

2. 从修辞手法的运用、词语的准确性等角度品味文本语言。

教学环节：

1. 文章选取了哪些素材来写春？作者为什么选取这些素材？

2. 你认为文中哪一事物的描写很精彩？理由是什么？

3. 从文中任意挑选一句话，想一想，有没有可以替换的词语，替换后的效果更好吗？

课前学习活动：

1. 双休日随笔：以"春"为话题，写一篇300字左右的文章。

2. 预习作业单。

教师第一次感到意外是在随笔收上来以后，也许是"春"的写作内容学生非常熟悉，也许是这个题目从小学开始已经操练了很多遍，所以学生随笔的质量远高于教师的预估。具体表现在：选材丰富而且得当；描写比较形象生动；语言表现力比较好。

随笔节选：

那丝冬日的暖阳融化了路旁的积雪，那件薄薄的纱裙染绿了播种的大地，那股清爽的海风唤醒了娇小的雏鹰，春来了！（张同学）

春天的午后，当阳光透过窗户照在我的身上，那种懒洋洋的感觉便涌了上来，那时真想变成一只小花猫，躺在松软的草地上，或蜷缩在沙发里，美美地睡上一觉，别提有多么安逸和舒适啦！（黄同学）

春姑娘的舞步多么轻盈！她来到田间，油菜花在春风的鼓动下，涌起阵阵金色的浪花。它们那一张张可爱的笑脸，在蔚蓝的天空下，显得格外灿烂。（孙同学）

春姑娘飞到天上，坐在云朵上，手指轻轻一动，天空变蓝了；又一动，云朵们挤出了带有春姑娘味道的雨，滋润着大地，使植物们茁壮成长。（沈同学）

看来学生在这个题目上不存在"围绕主题搜索、选择素材"的困难，精讲朱自清《春》的选材是低估学生了，于是教师对原有的教学设计作了第一次调整：

教学目标：

1. 学习作者抓住描写对象最有特点的细节进行描写的写作方法。

2. 从修辞手法的运用、词语的准确性等角度品味文本语言。

教学环节：

1. 你认为文中哪一事物的描写很精彩？理由是什么？

2. 从文中任意挑选一句话，想一想，有没有可以替换的词语，替换后的效果更好吗？

随后，教师发放预习作业，预习作业的内容是：

1. 词语积累（具体内容略）。

2. 将自己的随笔与朱自清的《春》相比较，你认为《春》在哪一方面最值得你学习？请结合具体内容说说你的想法。

3. 你认为《春》有不足之处吗？说说你的看法。

4. 关于《春》，你有什么困惑或者学习的要求吗？请写在下面。

预习作业反馈情况给教师带来了第二次意外：预习作业2"将自己的随笔与朱自清的《春》相比较，你认为《春》在哪一方面最值得你学习"的回答中，大部分学生（29人）谈到文章修辞手法运用得非常巧妙；其他比较集中的观点是：景物描写细腻生动，抓住了春天的特点。教师意识到自己本来预设的教学重点"细腻生动的描写，形象生动的修辞手法运用"是学生在预习中已经很关注，并且思考比较到位的问题。

更让教师感到意外的是，原本只是为了调动学生积极性而"虚晃一枪"的问题"你认为《春》有不足之处吗？说说你的看法"得到了学生的热烈响应，大部分学生认为文章"有不足之处"，从不同角度提出了自己对文章的批评。比较集中的看法有：

1. 所写景物过多，没有详略的处理。

2. 文章没有写燕子、竹笋这样只在春天才有的事物，也没有写春天的小溪这样有特点的景物。

3. 每段写一个景物显得呆板，段落之间没有过渡，显得不连贯。

4. 开头写"春天的脚步近了"，说明春天还没有到来，与后文对春天的描写矛盾。

5. 没有写出"我"参与的事，没有写出作者自身的感受。

6. 语言复杂造作，缺乏阳刚之气。

7. "卖弄"是贬义词，用来描写小鸟鸣叫，与作者对春天的赞美之情不相符。

教师发现，学生的批评意见涉及文章的内容（第1、2条）、结构（第3、4条）、思想情感(第5条)和语言(第6、7条)等各个方面。其中,对内容和结构的认识说明学生对散文的特点不够了解,用看待记叙文的眼光来看待这篇文章。对语言的批评表现出学生已经具有较好的语感,并形成了自己的语言风格偏好。对思想内容的批评体现出学生"凸显自我"的审美追求。应该说有些批评还是有一定道理的,并且还是教师从来没有想过的。

在回答"关于《春》,你有什么困惑或者学习的要求吗?"时,学生的困惑相对集中于:

1. 文章的结构是怎样的?文章是按什么顺序写的?最后三句话为什么要分三小节?

2. 为什么要把春天比作娃娃、小姑娘、青年?

3. 为什么雨丝会像牛毛、花针、细丝?

教师再次陷入沉思,看来学生对于通常的答题模式"句子运用比喻、拟人的修辞手法,生动形象地写出了春天的特点"这样的套话是没有疑问的,疑问恰在比喻的具体内涵上。所以教学时应该少一些空洞的分析,更多地引导学生具体体会喻体的特点、喻体与本体之间的关系(当然,学术概念未必要出现)。另外,是不是可以通过朗读和背诵对优美的语言加以内化,省去对语言的过多分析,而将时间更多地用在学生普遍感到不理解的文章内容和结构以及思想情感上呢?基于此,教师作了大胆的尝试,将教学设计再次修改如下,并最终按照这一设计实施了课堂教学。

教学目标:

1. 通过朗诵、比较,体味文章对景物细腻的描写,理解修辞手法背后的具体内涵。

2. 在平等交流中,讨论名家名篇的得失,理解文章的内在逻辑,培养"大胆质疑、小心求证"的思维品质。

教学环节:

第一课时:

一、朗读(范读、散读、分小节读)

二、交流"哪一方面最值得学习"(回答需对比自己的文章;结合具体内容)

1. 理解修辞背后的具体内涵;品味修辞运用的两层要求(恰当——新颖)。

2. 景物描写数量多,描写细,用词准。

第一课时后作业:自由选择课文片段,准备脱稿朗诵。

第二课时：

三、脱稿朗诵展示

四、交流"不足之处"

第二课时后作业：1.借鉴《春》和同学佳作，选一个角度，完善自己的随笔。2.回顾学习过程，整理笔记，完成"课后一得"。

教学中，教师重点引导学生理解文章的内在逻辑思路，看到作者结构上的匠心，从而培养学生深入研读文本的阅读习惯：全文从"春将来"（"春天的脚步近了"）写到"春刚来"（小草偷偷地钻出来），再写到"春完全来了"（"开满了花赶趟儿""风筝渐渐多了……家家户户老老小小一个个都出来了"），引导学生理解文章写的不是静态的春，而是春的整个动态过程。文章结尾的三个比喻段落将春天比作"娃娃""小姑娘""青年"也对应了春天的三个阶段，不仅概括了春天的各种特点，从结构上也具有总括全文的作用。另外，从描写的顺序来看，作者先写景物再写人物；对景物的描写是先写有形的植物之景（草、花），再写貌似无形的气象之景（春风、春雨），并且善于将相关的景物融在一幅完整的画面中。学生明白了文章并非是无序的景物描写的堆积，而是有着内在的严密的逻辑结构的。

思想情感方面，教师认可了学生对于作品中没有体现"作者自身的独特情感"的看法，并借机介绍了《春》的写作目的：本文出现在1937年版的国文教材上，是应教材编写要求写出的文章，目的在于传授写作的技法，同时希望青年学生具有昂扬向上的情感态度。学生由此理解了不同的写作目的对文章内容与风格有不同的影响。

语言方面，讨论"卖弄"是否恰当，以及"风里带来些……在微微润湿的空气里酝酿"句子是否通顺，允许学生保留自己的不同看法，引发课后思考，培养学生的语感。

学生参与学习的动机强烈，课堂发言质量高，学生的思维活动量大，对文本的理解逐步深化。课后作业中学生的随笔修改在原来的基础上有了提高，"课后一得"从各自感兴趣的角度总结了自己的收获并反思不足或继续提出问题。教学结果让教师深刻感受到：正如公司不仅要提高商品质量，更要研究客户的需求一样；作为老师，不仅要研读文本，更要倾听学生的学习需求。当学生意识到自己的学习需求被重视时，他们才能像"淘金者"那样更加主动地发掘对自己有用的宝藏。

四、"淘金式"阅读教学模式的实施要点

（一）基于单元目标，逆向设计

在"淘金式"阅读教学模式实施过程中，教师始终要有目标意识，并且尽可能使目标的达成度可呈现。《追求理解的教学设计》一书中提到，"我们习惯上总是考虑教什么和如何教，但现在必须要挑战自我，首先关注预期学习结果，这样才有可能产生适合的教学行为"。"最好的设计应该是'以始为终'，从学习结果开始逆向思考。"[1]上述案例中，"学习文学作品中表现春天的常见手法，感受春天的美好"是单元学习目标，而此目标的达成情况的最好呈现就是学生的习作，通过对学习前的习作和修改后的习作进行对比，教师和学生都能更清晰地看到学习的效果，进而进行反思。

（二）关注学习需求，调整内容

从教师的角度来说，普通的教学模式是"设计—教学—评估"，而"淘金式"阅读教学模式是"设计—调整—教学—评估"，其中多了一个"调整"环节。从学生的角度来说，普通教学模式中的"预学单"是检查学生课前预习的题目，而在"淘金式"阅读教学模式中，"预学单"更重要的功能是反映学生在自读课文后的困惑点和兴趣点，呈现具体学生面对具体文本时对学习内容的选择，当然，这个选择依然是以单元目标为基础的。因此，在学习之前让学生了解单元目标是有必要的。更重要的是，教师可以根据"预学单"反馈的情况，及时调整教学目标和教学内容，使教学更加能够满足学生的需求。

（三）追求深度体验，培育素养

"教师……特别想告诉学生自己所知道的东西，这一诱惑实在令人纠结……然而，无论是理论还是事实，再怎么多的信息，其本身也无法提高洞察力、判断力，或增加采取明智行为的能力。"这是70多年前查尔斯·格拉格在《因为智慧不能被告知》中对教师的忠告，"淘金式"阅读教学模式实施过程中特别需要教师控制自己传授知识的欲望，而把更多的精力用于设计学生的学习活动，让学生在与文字的真实互动中，获得深度体验，从而提高语文核心素养。

"淘金式"阅读教学模式，让学生不仅像海绵一样吸收，也像淘金者一样发现自己。

（刘　侠）

---

[1] ［美］格兰特·威金斯，杰伊·麦克泰格. 追求理解的教学设计[M]. 上海：华东师范大学出版社，2017：14—16.

3　小学作文指导"五环节"教学模式

作文是把经过构思、组织的话,用书面形式写下来的一种活动,这里的构思、组织指的是根据一定的目的、按一定的方式对所选材料进行合理的安排。作文教学就是要教学生了解该如何构思、组织语言去表达自己想要表达的意愿、思想、情感,并运用所了解到的方法进行自主写作实践,逐步形成用文字表达意愿、思想、情感的能力。这样的活动对培养学生的逻辑思维能力、语言运用能力意义重大。作文习惯的培养,思维方法的形成,作文能力的提升,需要有一定的过程。要使这个过程有效促进学生的习作习惯、能力、思维的发展,作文指导是其中重要的一环。学生依据教师的指导,开展系列写作实践活动,通过一次次的写作实践活动逐步达到课程标准要求。学生能否"练"有成效,与作文指导课的"导向"和"如何导"密切相关,指导课必须为学生提供写作实践最基本的路径和方法,针对学生习作的"盲点""痛点"进行有序指导,从而为学生的写作经历正确"引航"。

为了更好地进行作文指导,我们开展了探寻作文指导课课堂教学基本模式的实践研究,期望通过研究总结提炼出一种具有一定理论基础、被普遍认同的作文指导课的课堂教学模型或模式;并通过指导教师运用这种"模式"来规范作文指导的教学行为,有效提高作文指导的效益,使作文指导课成为学生习作实践中的"良师益友"。

经过一个阶段的实践研究,我们提炼出小学作文指导"五环节"教学模式,这五环节分别是:激发表达意愿和兴趣,围绕中心选择材料,依据中心确定内容主次、记叙顺序,指导语言表达微技能,梳理写作思路、拟列写作提纲。实践表明,依据这样的模式开展作文指导课的教学,有利于教师树立"大处着眼、整体构架,小处着手、突出练点"的作文指导的思想方法,使作文指导有章可循,有法可依。作文指导的路径清晰了,重点突出了,学生才能练有所获。

一、作文指导"五环节"教学模式流程图

以下是作文指导课课堂教学流程:

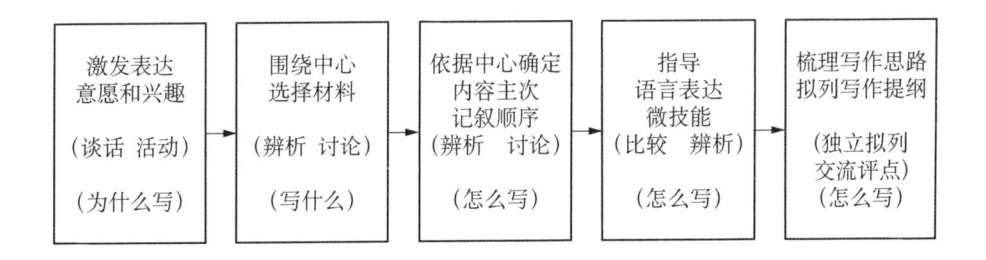

激发表达意愿和兴趣(谈话 活动)(为什么写) → 围绕中心选择材料(辨析 讨论)(写什么) → 依据中心确定内容主次记叙顺序(辨析 讨论)(怎么写) → 指导语言表达微技能(比较 辨析)(怎么写) → 梳理写作思路拟列写作提纲(独立拟列 交流评点)(怎么写)

二、作文指导"五环节"教学模式流程说明

1. 激发表达意愿和兴趣

作文是人们表达意愿、思想、情感的方式,其目的是为了分享、沟通和交流。每次作文前,激发学生与人交流、分享的意愿和兴趣是非常重要的。因为,当学生很想把一些事情、想法、感受告诉他人的时候,就会处于一种积极的学习状态之中,为了更好地把想讲的内容写出来,学生对接下来的学习活动将充满期待,此时开展相关的作文指导,往往能契合学生的内心需求。

一般来说,教师可以运用观看媒体(照片、图片)、谈话交流、角色扮演等方法,唤起学生对以往生活经历的回忆;也可以创设情境,引发移情体验,促使学生产生积极的情感共鸣。通过这些方法,唤醒学生生活中的一些经历、经验、感受,进而产生"想写"的意愿。

2. 围绕中心选择材料

此环节重在引导学生明确本次作文可以写什么,这是作文指导的关键。指导应遵循"大处着眼"原则,首先要指导学生依据作文的题目、提示、要求等明确本次写作的对象,明确选材的范围,确定文章的中心,思考选什么材料能够较好地表达出想要表达的中心。

教学中应通过组织学生辨析、讨论来开展学习,宜采用"先放后收"的方法,即先引导学生在题目、提示、要求等界定的写作材料选择范围内,从不同的角度去设想,把相关的材料尽可能多地罗列出来,打开思路。在此基础上,再进一步引导学生根据题目、提示、要求等对列出的可选材料进行筛选,选出最符合要求且有话可写的材料。

3. 依据中心确定内容主次、记叙顺序

此环节旨在进一步引导学生思考如何根据已确定的中心,对所选择的材料进行整体的安排,梳理写作的思路。有了合适的材料后,应该按怎样的顺序来组织安排材料,即先写什么、再写什么。各部分内容之间的主次关系是怎样的,即哪些内容应该重点写,哪些内容可以简略写。厘清这些问题,写文章的思路就大体清楚了。因此,这一环节是指导学生写好作文的保障。

教学中应通过辨析、讨论的方法引导展开学习活动。一般可以先让学生围绕要表达的中心自行组织安排材料,教师则巡视选取具有典型讨论价值的例子,然后组织全班学生进一步讨论、交流,从而引导学生依据中心对所选材料的叙述顺序和叙述重点等进行合理的安排。

需要注意的是,三年级起步作文阶段只要求学生能围绕中心,根据事情的发展顺序、活动的先后顺序、事物的几个方面等把事物写清楚、写连贯,没有根据表达的中心来区分内容的主次的要求,因此三年级指导课不需要有这一环节。

4. 指导语言表达微技能

如果说"依据中心确定内容主次、记叙顺序"环节的教学旨在指导学生"整体设计",那么"指导语言表达微技能"环节则是指导学生采用合适的方法把最能表现中心的那部分内容写清楚、写具体。什么时候需要描写人物的动作、语言、心理,什么时候需要对景色、环境进行具体描写……这些都需要根据实际情况来确定。小学阶段,学生学写作时需要比较恰当地运用动作描写、语言描写、外貌描写、心理活动描写、景物特点描写以及让前后内容贯连等微技能。每次习作希望让学生重点练习哪(几)种微技能,教师需要根据习作、命题的要求、选材等作出合理的判断。至于具体的描写内容,可以放手让学生自由练习口头表达,教师则重在组织大家倾听、交流,引导学生从说到写。

5. 梳理写作思路,拟列写作提纲

写作提纲是将写作的思路可视化。在上述学习活动的基础上,让学生按照一定的顺序,把自己想写的内容用思维导图的方式呈现出来,这是学生整理写作思路必不可少的学习经历。这样的活动可以促使学生静心思考,将碎片化的内容按一定的要求进行梳理、整合。

在学生独立拟列写作提纲后,教师需进一步引导学生交流所拟定的写作提纲,查找、发现叙述顺序、主次安排、内容前后的关系等方面存在的问题,通过多元互动点评,帮助学生修正、完善、丰富写作提纲,把写作的思路梳理清楚。

三、教学案例

小熊找朋友

(看图作文三年级)

教学目标:

1. 能根据题目读懂图意,确定合适的写作内容。

2. 能在老师的指导下,用不同的对话形式将小熊找朋友的经过写清楚。

3. 能在课堂内当场完成150字左右的短文。

教学过程:

第一板块:激发表达意愿和兴趣

1. 回顾记叙文六要素

(1) 回顾交流记叙文六要素:时间、地点、人物、起因、经过、结果。

(2) 小结:这些就是叙事的六要素。只有将它们都写清楚了,别人才能了解事情的来龙去脉。

2. 启发谈话,激发兴趣

出示单幅图:这幅图给我们讲了一个怎样的故事呢?你们想不想把这个故事讲给别人听?

3. 交代学习任务

这节课,就让我们一起观察图片,抓住六要素,将图上的这件事写清楚。

说明:

本次作文是根据一幅图展开合理想象,按事情的发展顺序写一件事情。教学的第一步旨在通过谈话交流,唤醒学生的已知,引起积极的共鸣效应,再通过媒体展示有趣的卡通图画,进一步拉近学生与习作之间的距离,使其产生"我能写""我想写"的愿望。

⇩

第二板块:围绕中心选择材料

1. 同桌配合,依据图片猜测故事内容

(1) 同桌配合,仔细观察图片,猜测故事内容。

（2）学生讨论，教师巡视指导。

（3）学生自由交流故事内容。

（4）小结过渡：看来你们猜想的故事都和小熊身上的泥巴有关系。其中哪个故事最合理呢？

2. 联系题目，筛选故事，确定合适的写作内容

（1）齐读题目。

（2）思考：经过部分要写"找朋友"的过程，那么大家前面猜想的故事中哪个最合理，为什么？

（3）学生交流，说清理由。

（4）小结：如果这篇作文没有题目，同学们刚才想象的故事都可以写。但是根据作文给出的题目来看，"掉进泥坑"这些故事就显得不太合理了。所以，如果遇到有题目的看图作文，我们不仅要看懂图画，还要结合题目确定写作内容。

说明：

此板块旨在明确本次作文的写作内容，即根据要求明确本次作文应该写什么。本次作文提供的是单幅图，想象的空间比较大。

依据"大处着眼，先放后收"的原则，教学时先放手让同桌配合，依据图画，用几句话说清猜测的故事内容，并引导他们将猜测的故事在班级内进行分享交流，教师则通过评价引导学生关注猜测的故事是否符合图意。在放开想象猜测的基础上，进一步引导学生联系题目"小熊找朋友"思考先前所猜测的可能发生的故事中哪个最合理，即引导学生围绕"找朋友"的原因、经过、结果去思考确定适切的内容。在这一板块的教学中，应给学生充分的时间讨论、交流，在碰撞中掌握确定适切内容的方法。

⇩

第三板块：指导语言表达微技能

1. 自读习作提示，明确经过部分的写法

（1）自读习作提示，用直线画出提示中对经过部分写法上的要求。

（2）学生交流，明确要求：用对话的形式将事情的经过写清楚。

（3）回顾学过的类似的文章，唤起记忆。

（出示课文《我画什么》《惊弓之鸟》《爱写诗的小螃蟹》中对话描写的片段）

（4）小结：今天这节课，我们就要试着通过描写人物的语言，将小熊找朋友的经过写清楚。

2. 整体观察图片，联系题目，合理想象小熊的语言

（1）联系题目，想象小熊主要想表达什么意思。

（2）学生交流。

（3）小结：对呀，小熊说的话主要围绕请求大家和它交朋友这个意思。

3. 小组配合，观察其他四个小动物的动作，合理推断出各自的语言

（1）思考：图上其他小动物的讲话主要表达什么意思？

（不愿和小熊做朋友）

（2）四人小组配合，联系图上小动物各自的动作、表情，思考它们各自在对小熊说什么，让我们知道它们不愿意和小熊交朋友。

（3）小组讨论、交流，扮演角色说一说。

（4）小结：你们仔细观察了图上这些小动物的动作，推测出它们说的话。从这些对话中，我们知道了事情的经过，原来小熊想让大家和它做朋友，可是它太脏了，大家都不愿意和它交朋友。

4. 联系以往所学，尝试将小熊说话时的心情表现出来

（1）结合二年级《爱写诗的小螃蟹》一文，师生配合朗读小螃蟹的话，回忆小螃蟹请求大家读它的诗时是怎么说的。

（2）模仿小螃蟹的语言，将小熊一次次请求交朋友失败后难受的心情通过语言表达出来。

5. 小组合作，将"小熊找朋友"的经过连起来说清楚

（1）五人小组合作，一个人说好小熊的话，另外四人每人选择一个小动物，配合着将整个经过部分连起来说清楚。

（2）小组演绎交流。

（3）小结：同学们都很棒，小熊虽然讲的内容是一样的，但是讲话时的口气在变化，让读者感受到它在为没有谁愿意与它做朋友而感到难受。小动物们的语言也凸显了它们的不情愿。通过对话的描写，把故事的经过部分写清楚了。

说明：

此板块旨在指导学生语言表达的微技能。"用对话的形式将事情的经过写清楚"

是这篇习作的要求,学生虽然会写对话,但是对话的合理性、言之有据性比较差,作文指导时,教师需对此进行具体的指导。

这一板块采取的教学方法是以学生自主讨论,口头表达交流为主,教师只是在倾听交流的过程中对学生所说语言的准确性、连贯性进行纠正、指导。教学时先引导学生整体观察图片,确定对话主要围绕"小熊请求大家和它交朋友,而其他小动物却拒绝它的请求"这一意思展开的。接着指导学生仔细观察图片,联系小动物们说话时的动作,思考它们表示拒绝时各自所说的内容。在小组合作演绎、充分交流的基础上进一步提升对话内容的合理性。由于结果是"小熊知道自己错了,赶快回家洗澡,改正错误",因此要让一直邋遢的小熊明白交不到朋友的原因并改正错误,这就需要有小动物给它提出建议。教师引导学生从"小狗、小兔、小山羊"脸上的表情判断它们是很嫌弃小熊的,而只有小猴子的动作不带有明确的拒绝意味,因此让小猴来劝告小熊讲卫生是最合理的。联系观察所得,结合事情的结果对小动物间的对话进行合理推想,这是本次习作中应重点指导的语言表达微技能。

⇩

第四板块:梳理写作思路,列出写作提纲

总结学法

这节课我们通过观察图片,抓住了叙事的六要素,将故事说清楚了。其中经过部分,我们联系了小动物的动作、表情,合理想象了小熊和小动物们的对话,大家想象得合情合理。

小熊找朋友

时间:有一天

地点:草地上、森林里

人物:小熊

起因:没朋友

经过:(对话)　　　小熊　　　　小兔、小狗、小猴、小山羊
　　　　　　　　　请求　　　　　　　拒绝

结果:明白

说明：

在前几个板块学习的基础上，教师借助板书总结学法，板书的内容其实也是写作提纲，呈现出了文章的总体框架，既让学生知道如何抓住六要素将这篇看图作文写清楚，同时也回顾了学习方法与思考路径。根据三年级的年段要求以及学生的实际学情，起步阶段主要由老师引导、帮助学生一起梳理写作思路，通过板书列出提纲，这一阶段的作文指导教学中，教师通过板书设计帮助学生梳理写作的思路，为学生四年级独立拟列写作提纲提供了学习的模板，为今后的迁移运用打好基础。

备注：三年级起步阶段，作文要求中没有"区分主次"的要求，流程中的第三环节"依据中心确定内容主次、记叙顺序"省去。

（高永娟）

第二章

数学学科的"数"与"术"

数学学科核心素养是学生通过数学学习、体验建立起来的一些思想、方法,以及用数学的思想方法处理和解决问题的能力;是基于认数、计算、测量、统计等具体的数学知识与技能而形成的数学的思想与方法,以及对数学在现实社会与生活中的作用与价值的认识。主要包括数学抽象、逻辑推理、数学建模、直观想象、数学运算以及数据分析等六个方面。数学学科核心素养具体到课堂教学要求中,就是要培育学生用数学的眼光观察世界,用数学的思维分析世界,用数学的语言表达世界。因此,在数学学科教学中,教师不仅要关注学生的知识、技能目标,更要关注学生对数学的思考,让学生自觉地用数学的思维方法去观察、分析社会,解决现实问题,真正做到为形成学生的数学素养而教。数学的思维方式主要包括:观察、想象、猜想、验证、比较、归纳、抽象、概括等,其中"概括"是核心。在课堂教学过程中,让学生学会用数学的思维方式进行思考比习得数学知识本身更重要,让学生体会用数学方式来处理问题比仅仅得出正确结论更重要,让学生学会数学的方法比拥有数学知识更重要。

1 基于 APOS 理论的初中数学概念教学模式

概念是反映事物本质属性的一种思维方式,是对事物进行逐步抽象,去除非本质属性,提炼本质属性的过程。数学概念是数学知识的基础,是数学思想与方法的载体,是形成与提高数学基本技能的必要条件。概念教学要阐明概念产生的必要性和概念定义的合理性,让学生理解概念的本质内涵,厘清概念之间的区别与联系,把它作为提高学生数学素养的重要途径之一。

一、概念教学的现状及原因分析

1. 概念教学的现状

在概念教学中,教师应分析所教概念的特性,并选择适当的素材,设计恰当的问题情境,让学生在经历概念发生发展的过程中,认识概念的不同特征,进而有效地应用概念建构原理来解决问题。但是笔者发现,当下概念教学存在两种倾向:

(1) "重结论、轻过程"

有些教师把知识看成定论,重结果轻过程、重灌输轻引导,低估了学习者的认知能力、知识经验及其差异性。典型做法是:概念教学搞"一个定义,三项注意",要求学生在对数学概念没有基本了解的情况下进行大量解题操练,造成学生概念理解一知半解,问题解决机械模仿。

(2) 教学"情境过度",缺乏本质理解

有些教师在课堂教学过程中存在"情境过度"和"去数学化"的倾向,概念解读往往停留在情境阶段,对概念的理解不够深入,因此具体到应用的时候不能够运用联系的观点，在必要地方联想到这些该应用的概念。

2. 概念教学现状的原因

造成上述现象的原因是：部分教师本身的本体性知识不足，对数学概念的理解不到位，不能对数学概念所反映的思想、精神有深入的体会和理解；缺乏一定的概念教学技能，对概念学习的认知过程和思维路径不是很清楚，不知如何从学生的认知规律出发开展概念教学，因此没有前后一致、贯穿始终的主线贯穿课堂，造成学生在外围重复训练，耗费大量时间、精力却达不到对概念的本质性理解。

二、概念教学的理论基础

为了提高概念教学效益，教师既要加强对概念的本质性理解，又要基于理论指导提高教学技能。

1. APOS 理论模型

APOS 理论是美国数学教育家杜宾斯基基于建构主义提出的学说，它基于数学概念所特有的"过程和对象的双重性"，不仅表明了数学概念建构的层次，还指明了概念建构成功的结果，揭示了数学概念学习的本质，是具有数学学科特色的学习理论。APOS 理论将数学概念的建立分为 action（操作）、process（过程）、object（对象）和 scheme（图式）四个阶段。它为数学教师提供了指导学生学习数学概念的理论经验和工具，教师可根据它制订教学目标和教学策略，安排教学活动，也可用它作为概念学习结果评价的工具。

操作阶段：通过"操作活动"亲身体验感受概念的直观背景和概念间的关系，理解概念的意义，从数学学习心理学角度分析，"活动阶段"是学生理解概念的必要条件。

过程阶段："过程阶段"，学生对"操作活动"进行思考，经历思维的内化、压缩过程，在头脑中进行描述和反思，抽象出概念所特有的性质。

对象阶段：通过前面的抽象活动，认识概念的本质，赋予其形式化的定义及符号，使其达到精致化，成为一个具体的对象，在后继学习中以此为新对象进行新活动。

图式阶段：不仅反映概念的定义及符号，还要建立与其他概念、规则、图形的联系。起初的概型包含概念的特例、抽象过程、定义及符号，随后经过学习建立起与其他概念、规则、图形的联系，最后在头脑中形成综合的心理图式，形成概念体系。

2. 逆向设计理论

日常的教学需要教师根据教学对象的水平和需要进行设计,在确定合理的教学起点和教学终点的基础上,对内容进行加工和转化,有序地安排教学诸要素。许多教师习惯从"教"的视角思考教学,而不是从输出端开始思考教学,即从学生最终是否真正获得概念、理解概念思考教学。按照逆向设计理论,最好的设计应该是"以终为始",从学习结果开始逆向思考,强调目标源于标准,评估先于设计,注重目标、评价和过程的一致性。

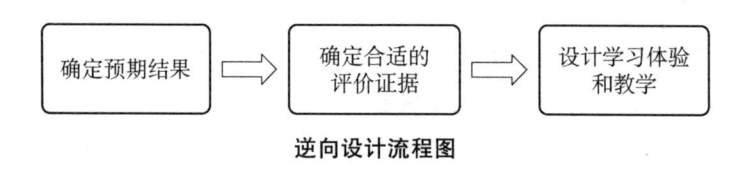

确定预期结果 ⇒ 确定合适的评价证据 ⇒ 设计学习体验和教学

逆向设计流程图

三、概念教学模式的建构

基于上述思考,教师在开展概念教学之前,应先对概念进行深度分析和解构,基于课标确定目标和重点,基于学情分析进行问题诊断确定难点,基于目标选择证据评价概念学习结果,最后确定概念学习的认知过程和思维路径。于是我们提出了基于APOS理论的初中数学概念教学三阶段五环节模式,鉴于概念教学目前存在的主要问题及其原因,本文主要阐述前面两个阶段:

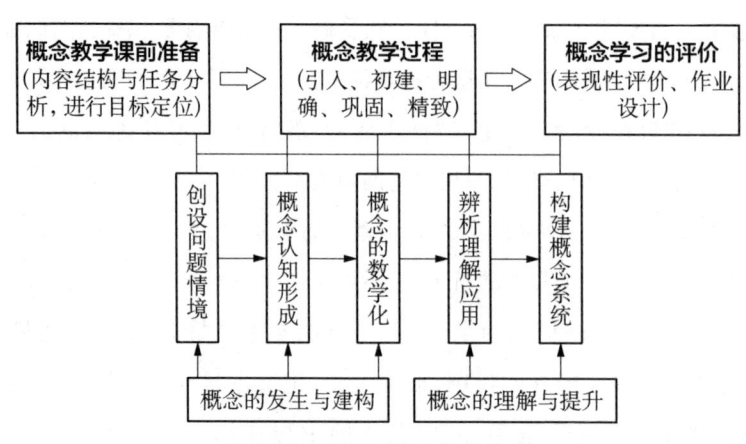

概念教学课前准备（内容结构与任务分析,进行目标定位） ⇒ 概念教学过程（引入、初建、明确、巩固、精致） ⇒ 概念学习的评价（表现性评价、作业设计）

创设问题情境 → 概念认知形成 → 概念的数学化 → 辨析理解应用 → 构建概念系统

概念的发生与建构　　概念的理解与提升

"三阶段五环节"概念教学模式

（一）概念教学课前准备

1. 概念的分析与解构

学习某一个概念的意义是什么？这个概念在数学学科内部的地位和作用是什么？学习这个概念有什么用？这个概念产生和发展的途径有哪些？这个概念是如何引申和拓展的？这个概念对核心素养的养成有什么帮助和促进？对于不同类型、不同单元的概念有什么不同的认知过程和思维路径？为了解决上述问题，我们认为老师应在课前对概念进行分析与解构，主要从概念的地位和作用、概念的产生背景、概念的定义方式、概念内涵和外延及其核心所在、概念的发展史及其蕴含的数学文化、概念所处内容模块特征、概念的联系和理解等角度进行深度分析，从而在此基础上阐明教学目标和教学重点。

案例　上教版初一数学第一学期《平面直角坐标系》

"平面直角坐标系"是在"数轴"的基础上发展起来的。平面直角坐标系使点与数的关系从一维过渡到二维，使有序数对与平面内的点建立了一一对应关系，架起了"数"与"形"之间联系的桥梁。因此，平面直角坐标系是沟通几何与代数的桥梁，是构成更广泛范围的数形结合、数形转化的理论基础，是以后进一步学习函数、三角函数及解析几何等内容的必要知识，在数学内容的发展过程中起到转折性的飞跃的重要作用，是初中数学的核心概念。

在众多的初中数学概念中，平面直角坐标系的下定义方式具有典型意义。它是规定性的概念。对于规定性定义要讲清两点：一是规定的必要性，即为什么要规定（平面上的点的表述）；二是规定的合理性，即这样规定的道理，通过其中的两个基本问题"已知点求坐标"和"已知坐标描点"，感受这个概念在现实世界中的具体模型，沟通数学和生活。

"平面直角坐标系"蕴含了丰富的思想方法，具体表现为：通过数轴"类比"建构平面直角坐标系的概念；引导学生利用数轴上点的表示，把平面中点的表示"转化"成坐标轴上的点的表示（二维——一维）；总结归纳平面直角坐标系中的点和有序实数对之间的一一对应关系（数形结合思想）。

"平面直角坐标系"是"笛卡尔坐标系"的一个分支,学生将在高中学习笛卡尔坐标系中的斜角坐标系,这个概念的发展蕴含了丰富的数学史和数学文化,值得学生在课外进行进一步的阅读。

2. 教学任务分析

教学条件分析:为了有效实现教学目标,根据起点和终点的潜在距离适当采取探究式教学,强调每一个教学活动(问题情境、问题及其系列、语言讲解引导、教学素材的选择、学生活动的安排等)为学生自主思考服务,调整至最近发展区。根据问题诊断分析和学习行为分析,采取一定的教学支持条件,以帮助学生更有效地进行数学思维、发现数学规律。例如适当地使用信息技术,帮助学生建立概念的"多元联系"。

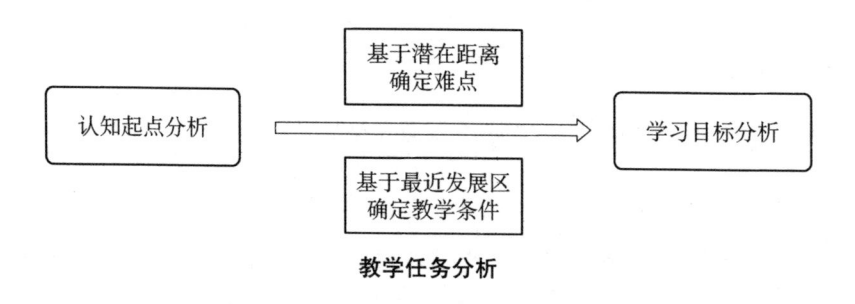

教学任务分析

教学难点确定:教师根据以往经验,按照知识的发生规律和学生的认知规律,对本节课内容教学过程中可能遇到的障碍进行预测与追因分析,并在此基础上指出教学难点。具体来说,就是从认知起点分析入手,分析学生已经具备的认知基础(包括知识水平和生活经历、思维水平、学习品质),对照教学目标,通过已有基础和目标之间的潜在差异和距离分析,分析教学中可能出现的障碍。

案例　上教版初二数学第二学期《平行四边形》

学生对平行四边形概念的理解,需要建立在对概念的内涵定义法的理解之上,而学生在小学学习平行四边形时,只停留在对图形的识别上,缺乏这方面的训练。因此,学生极易把平行四边形的概念当作已知,而忽视平行四边形与四边形概念的内涵包容、共性与个性以及它们的从属关系,容易造成只知道平行四边形的特性，而不知它是四边形的现象。所以，教师应在平行四边形概念的教学中，有针对性地设计揭示概念内涵的说明过程。

平行四边形性质的证明过程，一般学生都能理解，但对为什么要添加辅助线，又怎么想到作对角线，理解起来会有些困难。这属于思想方法方面的问题，学生往往只停留在能听懂，但不能内化的层面，需要教师进行精心的设计，充分展示"将平行四边形转化为三角形"问题的过程，讲清楚添加辅助线的目的、作用和意义。

（二）概念教学过程的五环节

基于 APOS 理论，我们从学生学习概念的心理建构过程和概念教学的特点出发，建构了概念教学的五环节：

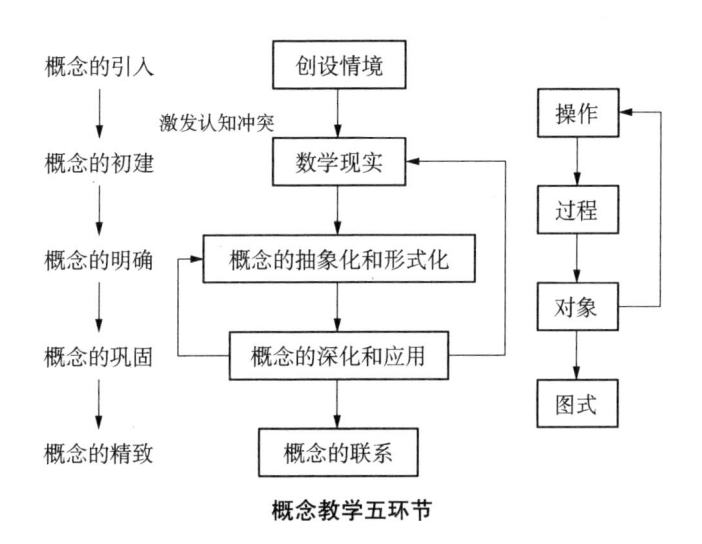

概念教学五环节

1. 概念的引入——基于"真实情境"，激发学习动机

从数学概念体系的发展过程或解决实际问题的需要引入概念，通过情境和问题阐明概念产生的必要性，激发学生学习的兴趣。在这个阶段，教师应从学生已有的知识水平和认知结构出发，通过生活中熟悉的素材，设置符合"常理"的教学情境，因为它不仅蕴含概念的现实背景，同时也能引发学生认知上的冲突和兴趣。

2. 概念的初建——基于"概念感知",探究、建构概念

这个阶段,学生对"情境和问题"所创设的矛盾和冲突进行思考,在头脑中进行初步描述和反思,初步抽象出概念的属性。教师需要针对各个学生认知水平的不同,从方法和观念角度启发和点拨学生的思路,并尊重学生的"原生态想法",让学生从其已有的"数学现实"出发,在启发下有所思考与顿悟,进行概念属性的分析、比较、综合、归纳、概括活动。学生的概念理解由不自觉的状态,逐步转向有意识的活动,从而使得概念逐步清晰。

3. 概念的明确——基于"数学化",初步形成概念

在"形成明确概念"阶段,教师合理引导学生把数学概念的初步思考的结果进行"抽象化和形式化"工作,运用数学语言(文字语言、图形语言、符号语言)给概念下定义,从而让概念成为一个稳定对象。也就是引导学生进行从现实问题到数学问题的理想化,从数学问题到数学符号的抽象化,进行数学内部的再提炼和理想化加工。

4. 概念的巩固——基于"层次化",进一步深化概念

要让学生透彻理解概念,还必须要在概念巩固和运用中进行数学内部的再提炼和加工。教师通过精心设计例题和习题进一步帮助学生提炼概念的本质属性。在应用概念的过程中,注意应用水平的逐层递进,运用概念的标准变式或非标准变式对概念进行多角度的辨析和理解,进行知觉水平上的应用和思维水平上的不同层次的应用。

| 案例 平行四边形

1. (已有概念在知觉水平上应用)如图,把两张对边平行的纸条,交叉叠放在一起,随意转动其中一张,形成了四边形 $ABCD$,它是平行四边形吗?另外,线段 AD 和 BC 的长度有什么关系?

2. (知识重组,思维水平上的应用)如图,$\square ABCD$ 中,$\angle ABC = 70°$,BE 平分 $\angle ABC$ 且交 AD 于点 E,$DF \parallel BE$ 且交 BC 于点 F,求 $\angle FDC$ 的大小。

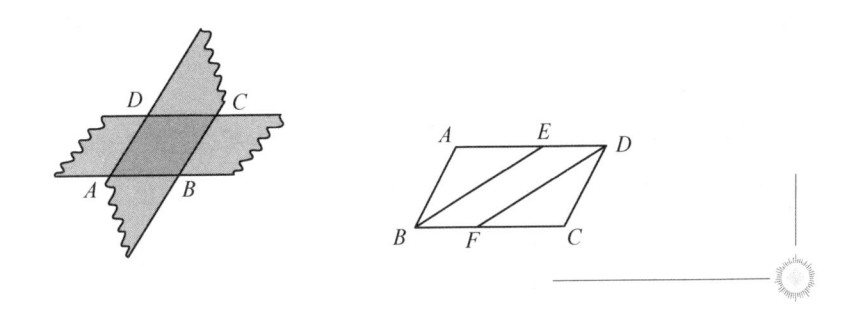

5. 概念的精致——基于"概念联系",最终获得概念

在"概念的联系"阶段,学生对概念的现实背景、内涵和外延,概念的表征及概念的应用已经有了丰富的认识基础,为了帮助学生把概念以比较完整的心理图式储存于大脑当中,教师要引导学生对课堂教学内容及方法作适当的总结和回顾。主要从三方面入手:

概念要点化——进一步明确概念的内涵与外延,揭示概念的本质;

知识结构化——进一步揭示新、旧知识的内在联系,同时对概念的将来发展作阐述;

过程方法化——对研究问题的方法进行回顾,反思挖掘其中的数学思想方法,这是概念之间建立牢固联系的逻辑纽带,也是学生利用数学观念、数学思想进行理性思考的重要基础。

四、概念教学实施建议

1. 概念教学情境的创设

数学概念的产生是现实原型的抽象或者数学知识概念体系自身发展的结果,因此,数学概念通常从现实背景或者数学内部问题引入。设计教学情境时,除了让学生亲身感知问题,更重要的是促使学生积极展开思考,从现实情境中去发现数学。情境设计的根本目的应该是从"引课"走向"引思",这要求我们注意以下原则:

典型性原则:创设的情境要具有一定的典型性,尽可能地蕴含数学概念的现实背景或本质属性——这样的情境可遇不可求,因此有时情境也可以是对概念价值的进一步挖掘和概念的实际应用的体现。当然,我们并不是说所有的数学概念都一定要通过生活情境引入,如果是为了情境而情境,往往会适得其反。

适度性原则:在概念的引入中,问题的难度要符合学生的认知水平,设计的教学活动要处于学生思维的最近发展区，使得概念的发生发展过程和学生的概念认识过程能够自然融合，让学生从心理上感到亲切。

如果提供的感性材料数量过少，感性体验不够，那么后面的抽象概括就无法落实。因为材料达不到一定数量，各种状态和性质在心理上还只是不足以引起注意的偶然事件，学生无法从中得出规律。但是材料过多则不仅费时，而且容易使学生产生乏味感。因此，创设情境时要注意把握好度，让学生既能进行充足的活动体验，又不至于"情境疲劳"。

有效性原则：创设情境要避免虚假，注意情境的合理性。一个好的情境能够让学生触"境"生情，激发学习的兴趣，从而有助于概念教学过程的情"境"交融，深刻体会概念学习的必要性和实际意义，这样的情境才是有效的。

设置情境不仅是为了让学生了解概念进行感性认识的铺垫，更重要的是让学生产生思考、形成问题。伴随着情境的发展，教师应设计有层次的问题引导学生深入理解数学概念，最终掌握概念。因此，创设的情境要有利于问题的展开。

2. 概念建构的路径

数学概念的建构要以丰富的认知过程为基础，因此一定要根据概念的特点来设计教学过程。教学过程的设计一定要能反映出概念的基本属性和本质，否则抽象就不能顺利成功。

（1）原型化策略

许多数学概念在现实生活中存在原型，进行概念教学时，教师可以利用这些概念的生活原型来创设情境，唤起学生的兴趣，让学生借助自己的生活感受，体验数学概念是科学发展和生产实践等实际应用的需要。在感性认识的基础上，通过分析、比较、综合、抽象和概括等思维活动，来建构概念的意义。

案例　平面直角坐标系

1. 我当破译小高手（如图）

（1）请破译下列密码：

A5　B5　C4　E5　B1　C2（有志者事竟成）

（2）请编制密码：

5	有	志	自	万	事
4	书	天	者	勤	贵
3	标	宝	奋	可	来
2	敏	里	成	才	大
1	的	竟	打	库	想
	A	B	C	D	E

天才来自勤奋(B4　D2　E3　C5　D4　C3)

2. 我做影院服务生

(1) 你能在电影院找到电影票上所指的位置,对号入座吗?

(2) 在电影票上,"4 排 3 号"与"3 排 4 号"是同一个座位吗,为什么?

(2) 类比化策略

数学概念体系中,有许多概念有相似的内容和结构,相似的研究方法。因此可以通过与相关概念的联想类比,得到新概念与相关概念在认识处理方法上的一些共同特点或规律,从而得到启发,这对于认识和理解新概念是非常有帮助的。如：分式概念和分数概念进行类比,教学向量的运算与实数的运算作联想类比等。

(3) "支架式教学"策略

建构主义理论教学观强调以学生为中心,强调学生的主动探索、主动发现和对所学知识的主动建构。"支架式教学"借用建筑行业脚手架作为概念框架的形象比喻,即利用恰当的概念框架作为学习过程的脚手架,帮助学生理解特定的知识。建立的教学模式在原有概念基础上,经过多层次的抽象概括而引入新概念,在概念属种关系中,种概念的内涵在属概念定义过程中已经被部分提示出来,所以只要抓住种概念的本质特征进行授课,便可使学生建立起新的概念,形成概念类结构。

3. 概念学习的学法

概念的初建阶段,教师要突出学生的主体地位,扮演好学习的组织者、引导者与合作者的角色,除了考虑预设的课堂教学设计以外,更多关注学生的"异想天开",善于捕捉闪烁学生灵性的智慧火花,鼓励学生的合情推理,有意识地训练学生的直觉思维,通过启发性的问题鼓励大家讨论,让他们互相修正从而帮助学生形成概念。在这个环节中,教师要注意以下两种策略：

(1) 活动化策略

学生要形成一个概念,需要经历从片面到全面,从模糊到清晰,从表象联系到本质联系的复杂的思维过程,绝不可能一步到位。我们要给学生充分的时间思考,而不是将一个现成的定义强加给学生。学生通过自己的实践活动学会怎样定义一个数学概念,对于定义的必要性与作用都会有更深的体会。在概念的探究和初步建构过程中,对引入阶段的情境或者问题,学生都会有自己的思考,而这些思考是发散式的,或正确,或错误,或清晰,或模糊,无论思考的结果怎样,都是学生真实的、本能性的第一反应,这种思维的结果和假设在老师的引导下逐步清晰化和理想化,最终形成概念。而如果由教师代替学生快体验、快抽象出数学概念,即使能跟随教师进行有意义学习,学生的学习活动也是不连贯的,其建构的概念缺乏完整性,所以说一定要注意这个阶段学生活动的充分性。

案例 科学计数法

试一试 观察这五个数,你有更简单的表示方法吗?

数字 \ 表示方法	第一种形式	第二种形式	第三种形式
300000	3×10^5	30×10^4	0.3×10^6
150000	1.5×10^5	15×10^4	0.15×10^6
653000	6.53×10^5	653×10^3	0.653×10^6
953700	9.537×10^5	9537×10^2	0.9537×10^6
453780	4.5378×10^5	45378×10^1	0.45378×10^6

说一说 这些表现形式的共同特征。

师:你是怎么想的?

生:这些数都有很多0,写起来麻烦,可以把0都去掉……

师:前后两个数相等吗?为什么可以这样做?

生1:相等,用的是小数点移位?

生2:用的是乘方的意义。

设计意图:如果没有充分的时间保证,上述合情推理得到的富有创造性的结论是不可能出现的,这是学生根据已有的认知进行的初步建构,哪怕这种建构是错误的或者是不完善的,也应该有展现的机会,充分暴露学生的思维。

（2）问题化策略

为学生提供了思维的土壤，并不意味着必然产生数学的思考。因此教师要用启发性、探索性、层进性的问题去引发、驱动学生对情境或者问题进行自觉的思考。教师除了要预设一些递进性、针对性的问题外，还要针对学生的回答及时作出反应，随机应变地进行启发和点拨，让学生不断地修正思考的方向，这要求教师在教学具体把握上具有一定的临场反应能力。一般地，教师可以问，"你能得到什么""你是怎样得出来的""你为什么要这样做"等。让学生自己讲述，自己提问，使学生不仅会回答问题，逐渐地也能自己提出问题。可以以师生、生生间互动以及与课本互动等形式进行。

数学概念教学对整个数学教学起重要作用，它能促进学生数学素养的形成，深化知识的理解，提高解决问题的能力等。因此，教师在数学概念教学中应努力揭示概念发生、形成、巩固、应用和拓展等过程，培养学生深度学习的思维能力，可根据概念的不同特征，在教学中完善学生的认知结构，激活学生的思维，发展学生的创新能力，提升课堂教学效率。

（徐晓燕）

2 初中数学概念课"三阶段四环节多方法"教学模式

概念课是数学课堂教学的一种基本课型,承载着使学生正确认识和理解概念产生、概念形成、概念内涵、概念外延和概念应用,发展思维,提升能力的独特功能,是培养学生数学核心素养的重要阵地。

一、"三阶段四环节多方法"数学概念教学模式结构

教学模式是指在一定教学思想或教学理论指导下建立起来的较为稳定的教学活动结构框架和活动程序。作为结构框架,突出了教学模式从宏观上把握教学活动整体及各要素之间的关系和功能;作为活动程序则突出了教学模式的有序性和可操作性。

"三阶段四环节多方法"概念教学是"三维多元聚合"教学范式的变式,是一种基于课程标准,让学生经历"主动参与、思维训练、感悟思想、自主建构、积极迁移"的过程,实现更高层次的知识内化,从意义建构向能力生成跨越的数学概念教学模式,其结构如下图所示:

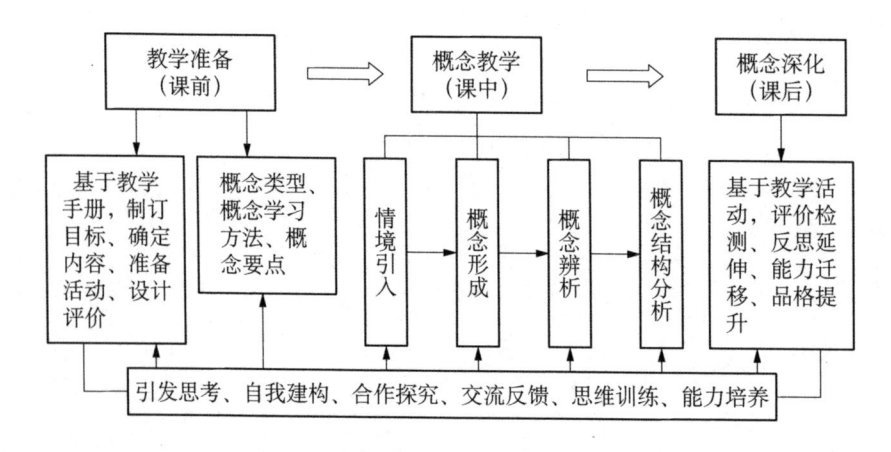

二、"三阶段四环节多方法"数学概念教学模式实践

1. 第一阶段：课前准备

该阶段的主要任务是对所涉及的数学概念教学进行总体设计与规划，包括把课程标准中的教学要求转化为可检测的教学目标、所涉及数学概念的类型、该概念学习方法的选择、学生学习计划和学习流程的制订、针对性训练的设计等。

初中数学概念就类型来说，大致分三类：严密性概念（如因式分解的概念）、描述性概念（如相似性的概念）和规定性概念（如零指数幂的概念）。针对不同类型的数学概念，学习的关注点有所不同，严密性概念体现数学概念的准确性和精炼性，学习的关注点在于逐字逐句的理解；描述性概念的结构是"例子+说明"的下定义方式，学习的关注点有两部分——例子和根据例子的说明，例子本身也是概念的组成部分；规定性概念的学习关注点是让学生明白概念学习的必要性和合理性。

因此，在这一阶段教师根据数学概念的类型，按照课程标准的要求和学生的实际，确定概念教学的方法、重点和形式，突出所学概念在整个数理逻辑系统中的地位，设计有效、有用、有趣的学习流程。

2. 第二阶段：概念教学

该阶段就是概念学习阶段，主要突出概念学习的四个环节，即情境引入、概念形成、概念辨析和概念结构分析。

（1）情境引入

情境引入要符合教学内容和学生实际的要求，其设计和教学应体现"切、近、趣、多、效"的五字原则。

"切"——适切性，即情境引入设计和教学要与教学内容和学生的实际相适应，符合教学内容的要求和内在联系，符合学生的学习生活经验。

"近"——贴近性，即情境引入设计和教学要贴近学生的最近发展区。

"趣"——趣味性，即情境引入设计和教学要尽量引起学生的学习兴趣，但也不能"唯兴趣而兴趣"。

"多"——多样性，即情境引入设计和教学要形式多样，除用实际问题引入外，也可以用"以旧引新"数学内在逻辑问题等引入方式。

"效"——有效性，即情境引入设计和教学要符合教学实际的要求，突出有效性。

总之,情境引入的目的是让学生较快地投入教学活动,设计和教学要体现"短、平、快"的特点,切忌哗众取宠、本末倒置。

(2) 概念形成

概念形成要让学生通过学习过程,正确理解概念的本质属性——概念的内涵。无论是通过归纳法还是类比法、演绎法等方法学习数学概念,概念形成的学习过程都是学生对概念的共同特征——概念本质属性认识的过程。因此,概念形成的设计和教学要充分体现学生对概念的感知、感悟和理解。

概念形成的设计和教学不仅关注学生对概念本身的学习,更应突出概念学习的过程对学生思维的训练和能力的培养。在此过程中学生的观察、比较、概括、归纳等思维训练和基本能力的培养有了着力点,生生交流、师生互动有了氛围和通道,为学生核心素养的培育奠定了基础。

(3) 概念辨析

概念辨析是让学生关注概念的外延。了解概念的内涵,是让学生理解概念的一个方面,即概念的本质属性;概念的辨析则是让学生理解概念的适用范围,让学生"透过现象看本质",进一步深刻理解数学概念。因此,概念辨析是概念教学的一个重要环节。

(4) 概念结构分析

概念结构分析是在学生对所学的新概念有了一定的认识后的教学环节。通过前三个环节,学生对新学的数学概念有了正确的认识和理解,但对该概念的结构、要点、关键点的认识还较模糊,对新概念和旧概念之间的联系的了解还欠清晰,而教师通过这一环节对概念的结构、要点、关键点加以剖析,能帮助学生更好地理解概念及其与原有知识的联系。

3. 第三阶段:概念深化

该阶段是学生正确理解概念后的课后深化,教师可以通过课后训练体系的设计,从概念变式、情境融入、问题解决等方面介入,让学生在训练体系的练习中,进一步比较、质疑、反思,更全面地理解所学新概念,并内化到自己的知识体系中。因此,该阶段中训练体系的设计是关键。可以突出非标准的概念变式训练,增加一些融入情境的概念训练问题,适当设计符合教学内容的实际问题等。

三、"三阶段四环节多方法"数学概念教学案例与点评

案例1 多边形的概念

教学目标

正确理解和掌握多边形的概念,能正确判断多边形;在多边形概念的探索过程中,体会观察、比较、概括、归纳等思维方式,进一步积累数学概念学习的经验和一般能力。

1. 观察类比

请同学们观察下列平面图形

(1) 请你找出与平面图形(B)同类的图形。

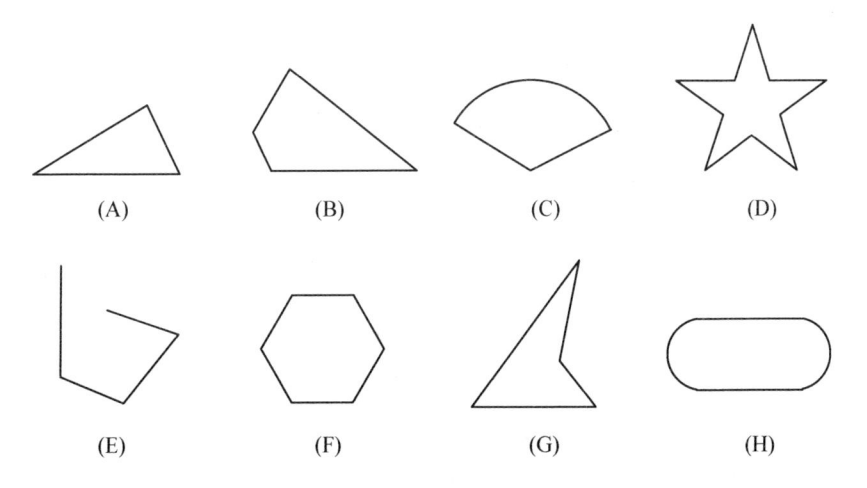

(A)　　(B)　　(C)　　(D)

(E)　　(F)　　(G)　　(H)

(2) 你能说出这类图形的特征吗?

2. 概括归纳

在平面内,由一些<u>不在同一直线上</u>的线段首尾顺次连结而成的<u>封闭图形</u>称为多边形。

(一般地,多边形有几条边就叫几边形。)

多边形的元素:边、内角、外角、对角线。

正多边形:各边相等,各角相等的多边形称为正多边形。

3. 辨析理解

说出下列图形哪些是多边形。

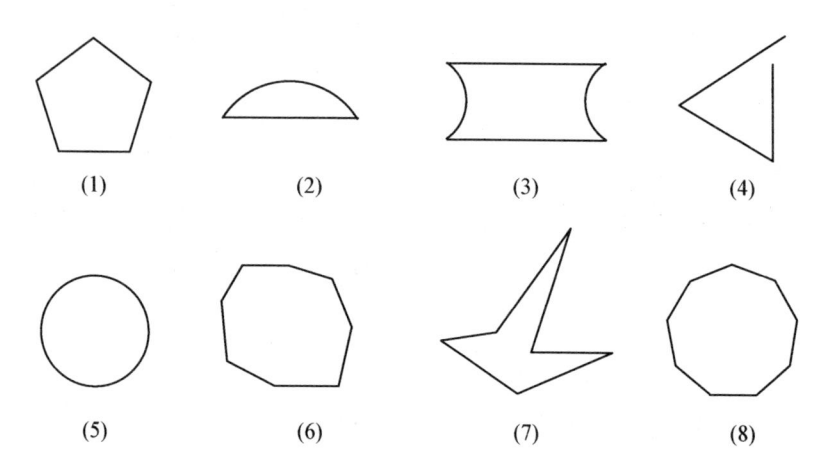

(1)　　　(2)　　　(3)　　　(4)

(5)　　　(6)　　　(7)　　　(8)

4. 结构分析

多边形概念的要点、多边形和三角形的关系、多边形的元素。

点评 本案例是《多边形的内角和》整节教学中的一个片段——有关多边形概念的教学,下面就这一概念教学谈一些感想。

(1) 情境引入开门见山、直击主题。本案例的情境利用数学的本源问题引入,既联系旧知,又结合新知,直接点出本节课的主题——多边形,这样的情境引入值得借鉴;同时,引入环节通过问题串的方式展开教学,将学生的学习进程引向深入,这也是情境引入环节值得关注的地方。总之,情境引入要紧扣教学内容和学生实践,同时兼顾教学过程与学生学习进程的发展。

(2) 概念形成过程中在落实知识(概念)的同时,更应关注学生思维的训练和能力的培养。本案例的引入中观察类比的第一个问题是"找出与平面图形(B)同类的图形"。就这一问题而言,它给学生很大的思考空间。首先,学生要搞明白平面图形(B)有怎样的特征,为此,学生必须经历观察、比较、概括、归纳等思维训练。其次,根据上述结论,再去逐一判断其他七个图形的特点,初步梳理出和平面图形(B)同类的图形,这一过程中,观察、比较、概括、归纳、反思等思维训练得到又一次的落实。最后,通过生生、师生的交流、质疑、总结等教学活动,达成共识(本案例中很多学生认为图(D)、(G)与图(B)是同类图形),这一过程中,学生的语言表达、逻辑推理、比较分析等基本能力得到锻炼。在此基础上师生共同提炼多边形的本质属性,得出多边形的概念。

(3) 概念辨析关注变式,突出对概念的外延认识,让学生从概念的另一方面确定多边形概念的范围。同时,在辨析过程中,学生紧扣多边形的概念进行判断,说出判断的依据。既使学生进一步深刻理解概念,又能锻炼学生的数学语言表达能力。

(4) 概念结构分析关注多边形概念的本质属性的要点化;同时重视多边形和三角形的内在联系,善于把握新旧知识的联系,培养学生注重数学内在逻辑联系的意识;最后,比较多边形元素和三角形元素的关系,为研究几何图形渗透一般的研究方法。

案例 2　函数的概念

教学目标

1. 认识数量的意义,知道常用的数量,能在具体问题中认识并分清变量和常量;

2. 知道用运动、变化的观点看待事物,理解变化过程中的两个变量之间的确定的依赖关系的含义,从而理解函数的概念,知道函数的自变量以及函数解析式。

一、情境引入

给学生展示准备好的图片和视频

问:1. 你能联想到哪些常用的数量?

2. 这些量中哪些量在变化?哪些量没有变化呢?

二、学习新知,引出概念

1. 常量和变量的概念

2. 通过问题、逐层突破

问题一:

一辆汽车行驶在国道上,汽车油箱里原有汽油 120 升,每行驶 1 千米耗油 0.2 升.如果设汽车行驶的路程为 x 千米,油箱里剩余的油量为 y 升.

填表：

路程 x(千米)	100	150	200	250	x
剩油量 y(升)					

(1) 在这个变化的过程中有几个量？其中哪几个是变量？

(2) 你能用数学式子表示变量 x 与 y 的关系吗？这辆车能一直开下去吗？变量 x 的范围是什么？

(3) 在变量 x 的允许取值范围内,变量 x 与 y 之间有什么关系呢？

问题二：某地区一天的气温图

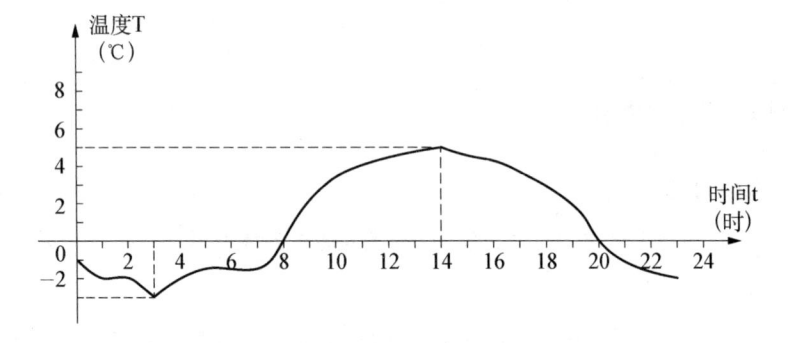

(1) 在这个变化的过程中,谁随谁的变化而变化？

(2) 这两个变量之间是否存在确定的依赖关系？

问题三：

本世纪以来,上海市区的环境绿化状况不断得到改善,下表是上海市区人均公共绿地面积变化的一些统计数据：

年份	2000	2001	2002	2003	2004	2005
人均公共绿地面积(m^2)	4.60	5.56	7.76	9.16	10.11	11.01

你能用类似的方法分析一下这个变化过程中两个变量的关系吗？

3. 归纳共同特征,概括函数的概念

函数：在某个变化过程中有两个变量,设为 x 和 y,如果在变量 x 的允许取值范围内,变量 y 随着 x 的变化而变化,它们之间存在确定的依赖关系,那么变量 y 叫作变量 x 的函数,x 叫作自变量。

函数解析式:表达两个变量之间依赖关系的数学式子。

三、正反辨析,加深理解

例题一:已知物体直线运动中,如果速度 v 不变,那么路程 s 是时间 t 的函数吗?请说明理由.

例题二:如图,$AB=6$,点 D 在 AB 上,$DE \perp AB$,点 D 是垂足.点 C 是射线 DE 上的动点,$CD=h$.△ABC 的面积 S 是 h 的函数吗?请说明理由.

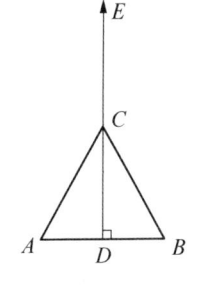

四、结构分析

五、课后深化

1. 练习册 18.1(1)

2. 下列问题中,一个变量是否是另一个变量的函数?为什么?

(1) 如果 x 是一个变量,那么 $x+2$ 也是一个变量,那么变量 $x+2$ 是变量 x 的函数吗?

(2) 如果 x 是一个变量,那么 x^2 也是一个变量,那么变量 x 是变量 x^2 的函数吗?

(3) 长方形的面积 $S(cm^2)$ 是不是它周长 $x(cm)$ 的函数?请说明理由.

思考题:如图,$AB=6$,点 C 是以 AB 为直径的半圆弧上一动点.点 C 在弧上移动的距离是否是 △ABC 面积的函数?请说明理由.

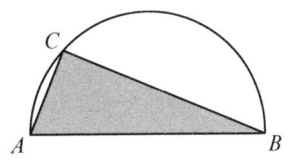

点评 本案例是初中数学少有的一节完整概念课教学(通常初中数学概念都与命题相结合),同时函数概念也是学生第一次接触的抽象概念,突破了学生原有的常量数学概念的学习,首次学习变量数学概念,学生对概念中的"确定的依赖关系"理解有角度上的难度。基于这样的认识,本案例的设计和教学体现如下的一些特点:

(1) 严格按照数学概念"情境引入——概念形成——概念辨析——概念结构分析"的四环节教学模式。情境问题切合教学主题和学生实际;概念形成关注学生学习进程,通过问题串的方式层层推进教学,注重学生在学习过程中思维的训练和能力的培养;概念辨析突出变式训练,抓住概念本质,辨析概念外延,训练反馈指导有效;概念结构分析突出函数概念的本质数学,采用分段要点化的处理,有助于学生对函数概念的正确理解和掌握。

(2) 函数概念教学难点的突破有方法。函数概念理解的难点是"确定的依赖关系",如何认识和理解?对学生而言是困难的。教师通过三个实际问题,围绕函数概念的三句话——一个变化过程中有两个变量,其中一个变量随另一个变量变化而变化,在一个变量允许的取值范围内这两个变量有确定的依赖关系。设计层层推进的问题串,从教师带着学生在第一个问题中找三句话的"原形",到学生试着自己在第二个问题中找三句话的"原形",再到学生自主探究第三个问题中的三句话的"原形"。既抓住函数概念的"模式"要点,又突出函数概念的本质属性,通过这一学习过程,最后给出函数概念的数学定义,既水到渠成,又突破难点,便于学生理解掌握。

(3) 概念深化形式多样,注重变式,突出内涵。课后训练设计突出概念的变式训练,由课中学习的解析式型、图像型、表格型的函数模型,变式为代数式型、几何动态问题型等。变换问题的背景,检测学生对函数概念本质属性的理解,真正把概念学习的达成度检测落到实处。同时,对学生思维的灵活性、严密性、质疑性的训练加以兼顾,把通过概念学习提升学生的数学核心素养的任务蕴寓于日常的数学学习中。

(张斌辉)

3 小学数学"五学三动"教学模式

小学数学"五学三动"教学模式基于学生的前置性"研学",课上展开"对学、群学、展学、延学",旨在探索小学数学教学"从'教为中心'向'学为中心'转变"的实践路径,探索让学生从被动学习到能动学习、从个体学习到协同学习、从表层学习到深度学习,促进学习者"在学习""真学习"的有效载体和操作模式,以培育学生的学习素养。

一、问题的提出

课改的关键是改课。但当下许多课堂上还是"涛声依旧":依然普遍以讲授为主,以老师的"教"为中心,以知识的习得为目标,老师们"好为人师"的职业习惯根深蒂固。学生在整体上学得被动、机械、沉闷、压抑,甚至产生游离学习、虚假学习的现象。

基于对上述教和学两方面的忧虑与不满,我们边思边行,思行相济,由现象到本质,逐步提炼形成了"小学数学'五学三动'教学模式"。

本教学模式的实践取向是:探索基于课程标准的小学数学教学如何"从'教为中心'向'学为中心'转变"的实践路径,探寻让学生从被动学习到能动学习、从个体学习到协同学习、从表层学习到深度学习,促进学习者"在学习""真学习"的有效载体和操作模式。

二、概念的界定

基于历时四年的循环实证研究,我们摸索形成了本教学模式的基本载体"一课三单":

研学单：基于核心学习目标设计的具有适度挑战性的前置性学习任务单。

学历单：对课堂教学中学生学习经历的板块式结构安排。

练习单：与研学单、学历单相匹配的课堂练习单。

基于"一课三单"的"小学数学'五学三动'教学模式"具体流程如下图：

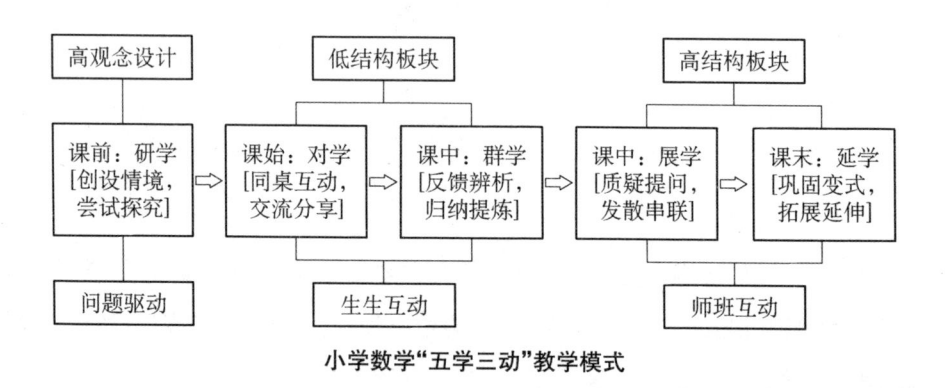

```
      高观念设计           低结构板块              高结构板块
  ┌──────────┐      ┌──────────┬──────────┐    ┌──────────┬──────────┐
  │ 课前：研学│      │课始：对学│课中：群学│    │课中：展学│课末：延学│
  │[创设情境,│ ───▶ │[同桌互动,│[反馈辨析,│───▶│[质疑提问,│[巩固变式,│
  │ 尝试探究]│      │ 交流分享]│ 归纳提炼]│    │ 发散串联]│ 拓展延伸]│
  └──────────┘      └──────────┴──────────┘    └──────────┴──────────┘
  ┌──────────┐            ┌──────────┐                ┌──────────┐
  │ 问题驱动 │            │ 生生互动 │                │ 师班互动 │
  └──────────┘            └──────────┘                └──────────┘
```

小学数学"五学三动"教学模式

"五学三动"教学模式的具体内涵如下：

研学：围绕教学目标，将核心学习任务以"研学单"的方式前置到课前，激励学生先进行独立的尝试探究，让学生对将要学习的内容有所思、有所悟、有所获，更有所"惑"。

对学：新课伊始，同桌两人相互交流各自完成研学单的情况，为进一步的全班交流做准备。对学，所呈现的主要是"我的学习"。

群学：在对学的基础上，在全班范围内进行研学单学习情况的反馈辨析，对相对较为简单的问题形成共识，并为进一步的探究进行铺陈。群学，所展现的是"我们的学习"。

展学：从学生在研学单上提出的各种疑问、迷思中遴选具有递进性研究价值的关键问题拍成照片，导入PPT，据此展开质疑提问，发散串联，将学生的学引向高阶思维，展开深度学习。

延学：在展学的基础上，适时引导学生将所学与以往的知识建立联系，与现实世界建立联系，与后续学习建立联系，从而让学生的学突破课时的局限，为以后进一步的学习"继往开来"。

其中，研学以"问题驱动"为主；对学、群学，以"生生互动"为主；展学、延学，以"师班互动"为主。

三、实施策略

本成果的理论基础是认知的社会建构主义理论。学习不是信息的单向接受与输入,而是学习者在已有的知识与经验的基础上,在一定的社会环境中的自主建构的过程。正是基于这样的认识与理解,本教学模式通过"研学单"让学生基于已有的经验进行独立的自主探究。具体实施策略如下:

1. 秉持儿童立场

儿童立场的第一要义是相信儿童能学。儿童天然地怀抱对世界的好奇,只要有适当的社会性支持,儿童不仅具有认识世界的能动性,而且具有一定的探究未知世界的能力。儿童不是一个等待装满的容器,而是一个有待点燃的火把。其次,尊重儿童的学习权。学习是一个自主探究和不断建构的过程,而不是一个简单的被告知、"被学习"的过程。没有学生自主探究过程的"满堂灌",其实质是剥夺儿童的学习权。再则,儿童的认知过程中充满着挑战与迷思。因此,需要我们创设恰当的认知环境,给予有效的社会性支持。

2. 高观念设计

正是基于上述儿童立场与建构主义认知理论,本模式鲜明地提出"高观念设计"的主张。高观念高就高在:老师摒弃"好为人师"的职业习惯,从教学设计开始,首先想的不再是"这个内容我怎么教?",而是"这个内容学生怎么学?如何让学生先学?"。

其次,教学不能止于知识的传承。因此,在课堂实施的过程中,要追问本节课"知识目标之上的目标"是什么。所谓"知识目标之上的目标",即相关知识的学习对学生未来的发展有什么样的潜在价值,对于学生适应个人终身发展和未来社会发展所需要的必备品格和关键能力有着什么样的贡献,即对学生的数学核心素养有什么价值。因此,我们形成了"基于知识,高于知识,关注能力,指向素养"的教学价值取向。这一价值取向高在:教学生五年,为学生想五十年。

3. 板块化实施

凡是学生自己能学的内容,采用低结构的设计,让学生先学;凡是学生自己想不到、想不深、想不透、解决不了的问题,则采用高结构设计。"低结构板块+高结构板块",高低搭配,辩证施教。因此,"五学三动"教学模式中的前三个学,即研学、对学、群学,采用低结构设计,以"问题驱动"和"生生互动"为主;后两个学,即"展学"和"延学",则以高结构设计为主。这既是对学生认知规律的尊重,也是教育教学的辩证法。一节课不应该完全是低结构的,不然,可能连基本的学习任务都完成不了;一节课也不应该是完全的高结构,否则,就束缚了学生的主观能动性与创造性。因此,在教与学的关系上,不是非此即彼的二元对立,而是互为因果的相互成就,既成就学生的学习素养,也成就老师的教学智慧。所以,"五学三动"教学模式倡导的是:师退生进,顺学而导。

4. 先学后导,当堂训练

"五学三动"教学模式不是浅尝辄止的表面的形式化式学习,而是基于学生先行探究的高阶思维下的深度学习。因此,先学后导,要导出学科的本质,导出学生认识世界的新视角与新高度。其次,本模式不是夸夸其谈的表面的热闹,而是学生内在思维的张扬与勃发。既要有个性化观念的表达与分享,更要有扎扎实实的当堂训练。因此,我们有一个基本的原则——每节课学生动笔进行当堂训练的时间不少于15分钟,使知识的达成度有时间上的保障。

适用对象:鉴于小学低年级学生不允许布置笔头家庭作业的硬性规定,难以在小学一、二年级采用研学单让学生"先学",所以,本教学模式的适用对象是小学中高年级学生。

四、操作要领

1. 精心设计研学单

设计好一份研学单,一堂课就成功了一半。老师们也感受到,设计研学单是最费心力的。设计的核心是,创设具体的数学问题情境,让学生尝试着去"实做"。此外,对于学生的研学单老师要作认真的分析研究,既要找到学生学习的现实起点,也要找到学生存在的困惑以及研学单上的亮点。不必对学生的研学单进行批改,但可将学生的典型做法或问题用手机拍成照片,导入PPT。这一做法极大地提高了老师课堂教学的针对性与精准性。

2. 善用"点兵点将"

在课堂教学实施过程中,老师要有适时往后退的意识。尤其是在对学与群学环节,老师智慧地退,既退出了时间,也退出了空间,从而让学生逐步走向课堂教学的中央。一个手法是:点兵点将。即一个学生发言完了以后,下一个发言的人不再由老师指定,而是由同伴来点。事实证明,仅仅是这一小小的改变,就能够极大地激发学生的积极性与参与度,而且拓展出一个新的生生互动的空间。

3. 巧用"题组模块"

在教学实施的过程中,老师要有鲜明的题组模块意识。即通过学生的对学与群学,在黑板上生成在题型结构、数量关系、解题方法或数学思想上基于同一数学模型的一组题构成的一个训练模块——题组模块。题组模块能让隐性的数学规律显性化、结构化,这为学生进一步的归纳与概括提供了极有价值的学习素材。数十节研究课的实践表明,题组模块能让学生在看似杂乱的知识的背后看到恒定不变的规律,让隐性的数学规律显性化、格式化、结构化,让学生先举三反一,再举一反三,促进学生的结构化思维,提升学生的数学建模意识与建模能力。

五、实践探索上的突破

1. "五学三动"促课堂转型

从"教为中心"向"学为中心"转变的理念无人不赞同,但在教学实践中却又屡屡被违背。老师"好为人师"的职业习惯根深蒂固,形成了路径依赖与思维惯性。而基于"一课三单"的"五学三动"课堂教学模式,通过课前独立"研学",课始同桌"对学",课中同伴"群学",课中进一步"展学",课末适当"延学",再造学习载体和教学流程,这是对传统的"教为中心"教学方式的"翻转"。因此,要求老师从设计自己如何教的专家转变为设计学生学习活动的专家。

2. 课堂教学的供给侧改革

以往,火车跑得快,全靠车头带;如今,动车和高铁之所以比过去的火车跑得快得多,是因为每节车厢都有动力。"五学三动"的教学模式,不再是老师"牵"着学生走,而是让学走在教的前面,让每个学生有备而来,使得每个学生都自带"动力",即问题驱动、生生互动、师班互动,这是从"火车头思维"到"动车思维"的一个重要转变。

其次,学生基于"研学单"提问与质疑,为学生的深度学习提供了内生的"驱动力"。基于"研学单"生成的数学"题组模块"为学生进一步的比较、归纳、抽象、建构提供了充分的支持;学生通过"题组模块"进行"举三反一",再"举一反三",这一数学建模的过程,有利于提升学生的数学建模意识与建模能力。在课程实施过程中,学生之间的"点兵点将",提高了学生的参与度,激活了学生的学习动机。

总之,基于"一课三单"的小学数学"五学三动"教学模式从学习素材、学习载体、学习方式等方面为学生的学习进行了供给侧改革,让学生的学习有"料",有"力",有"法"。

六、推广价值

本教学模式经过历时四年多的思考与摸索,并经过 6 轮的课堂教学循环实证的检验,已经形成了相对完整的教学操作策略与实施方法。

在研究过程中,我们边思边行,不断将阶段性的研究成果在区域内进行推广应用。我们运用本教学模式在区域内上公开课近 60 节,在区域内产生了积极的引领与辐射效应,带动了一批青年骨干教师在课堂教学中积极尝试,大胆实践。

采用"五学三动"教学模式,本人应邀在本市及外省市上研究课 200 多节,广受好评。在不同省市都能运用此模式借班上课,表明本教学模式具有很强的普适性。同样,研究团队的核心成员采用"五学三动"的教学模式多次到外省市以"同课异构"的方式进行教学交流,因效果显著而深受好评。

七、成效与反思

本模式起始于"草根式"研究,是与一群有共同教学追求的校长和老师们一起开展的"行动研究"。在 2013 年 2 月开始的初步探索的基础上,从 2013 年 9 月起,我们先思后行、边思边行、思行相济,进行了 6 轮的循环实证研究,取得了积极的成效。

成效一:"小学数学'五学三动'教学模式"荣获"2017 年上海市基础教育成果一等奖"。

成效二:我们围绕"一课三单"的研制,"五学三动"的实施问题,分别就小学数学的四大学习领域的三种课型——即"数与运算、方程与代数、图形与几何、数据整理与统计概率"的新授课、练习课、复习课进行专题研究,形成了"五学三动"的课堂操作策略和系列化的课例资料(包括"一课三单"、课件、部分课例的光盘)。

成效三:逐步形成了一支运用"一课三单"进行"五学三动"教学模式研究的教师队伍。在实验校,我们上研究课近 60 节,这样的课堂教学已经成为实验校的"新常态"。学生的学业成绩稳中有进,学习参与度高,思维灵活,课堂生动活泼。

成效四:近年来,基于"五学三动"教学模式研究,本人撰写论文如下表:

论文	刊物	时间
《基于命题联想系统的数学练习设计》	《小学数学教师》	2014 年第 2 期
《让题组模块"会说话"》	《教育视界》	2015 年第 2 期
《师退生进,学为中心》	《小学数学教师》	2017 年第 6 期

当然,"五学三动"模式也存在一些需要在后期的研究中不断完善的问题。

1. 面对小学低年级不得留笔头家庭作业的硬性规定,如何让低年级学生的"学"走在老师"教"的前面？课内如何让低年级学生进行研学？这些问题还需进一步的摸索。

2. 基于"一课三单"的"五学三动"教学模式,如何将小学数学四大学习领域的三种课型进一步开发成区本的教师研修课程？后面还有更加具体的问题要作进一步的研究。

3. 教育学是科学,教学模式是对教学规律性的提炼与刻画。教学有模式,但不应模式化,而是要灵活运用,因此要进一步摸索形成本教学模式的各种"变式"。

八、实践案例：平行四边形的面积

下面以五年级上册"平行四边形的面积"一课为例,对基于"一课三单"的"五学三动"教学模式作具体阐述。

"平行四边形的面积"一课是在学生已经掌握长方形面积计算方法和平行四边形特征的基础上进行教学的,它将为后续学习梯形、三角形、圆的面积及立体图形的表面积奠定基础,因此起到承上启下的作用。学生虽然已经学过了长方形面积计算方法和平行四边形特征,但小学生的空间想象能力不够丰富,因而推导平行四边形面积计算公式有困难；还有部分同学知道公式,但不清楚其内在的联系。因此,本节课以"问题驱动"为预学思考,以"一课三单"为载体,贯穿"五学三动"板块化实施,扎实落实环节目标,渗透转化思想,让学生经历新知识的发生、发展和形成过程。

平行四边形的面积研学单

班级_____ 姓名_____ 学号_____

1. 关于平行四边形的面积,我想知道:_____

2.

(1) 这个平行四边形的面积是多少?(测量所需要的数据)

(2) 把你思考的过程写出来或在图形上表示出来。

3. 关于平行四边形的面积,我还想知道:_____

学历单

教学过程:

课题	平行四边形的面积	课型	新授
教学目标	1. 理解并掌握平行四边形面积公式的推导方法,会应用公式正确计算平行四边形的面积。 2. 通过操作、观察、比较,发展学生的空间观念,渗透转化的思想方法,培养学生的分析、综合、抽象、概括和解决实际问题的能力。 3. 通过活动,激发学习兴趣,培养探索的精神,感受数学与生活的密切联系。		
教学重点	掌握平行四边形的面积计算公式,并能正确运用。		
教学难点	把平行四边形转化为已学过的图形,推导出平行四边形的面积公式。		
评价关注点	学习兴趣、学习习惯、思想方法		

教学环节	环节目标	师生活动	评价关注点
活动一:交流研学单	找准学生起点,出示几种求出平行四边形的面积的不同方法。	1. 关于平行四边形的面积,你想知道什么? 2. 组织同学交流研学单第2题。(先同桌互相交流,再邀请学生向全班交流自己的思路)初步得出三种情况: (1) 5×6(邻边相乘) (2) 6×4(底和高相乘) (3) 5×4(邻边和高相乘)	个性化表达
活动二:推导平行四边形面积计算公式	通过两次验证,学生经历推导过程,掌握平行四边形面积公式。建立平行四边形和长方形之间的联系。	1. 初次验证(PPT) 用数格子方法验证以上三个算式,初步得出:平行四边形的面积=底×高 2. 再次验证 (1) 学生动手操作自己准备的任意平行四边形:剪——移——拼 (多种方法,板书呈现) (2) 转化为长方形后求出平行四边形面积,再次得出:平行四边形的面积=底×高 3. 平行四边形的底和高与长方形的长和宽有关系与联系 4. 得出结论:平行四边形的面积=底×高	转化思想 个性化表达
活动三:辨析拓展	进一步感受概念,解决问题。	老师出示平行四边形活动框架,拉成长方形后,辨析长方形和平行四边形周长和面积的关系	推理能力

（续表）

教学环节	环节目标	师 生 活 动	评价关注点
活动四：巩固练习	能解决与平行四边形面积相关的题目。	1. 完成课堂练习单 2. 学生提问：关于平行四边形的面积，我还想知道……	运用知识的能力 应用能力 激发兴趣

课堂练习单

1. 填一填.

底/cm	高/cm	平行四边形面积/cm²
5.6	3	
15		180
	2.5	20

2. 求出下图平行四边形的面积.（单位：厘米）

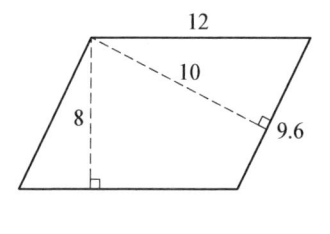

（图中标注：12、10、8、9.6）

新授课采用基于"一课三单"的"五学三动"教学模式，给予了学生更多思考的时间与空间。课堂教学围绕学生的相关疑问展开，在问题驱动、生生互动、师班互动中，学生们的思维得以碰撞，产生相异思维，充分展现个性化表达。学生经历猜想、验证、实践、运用的科学学习过程，个性化表达得到训练，课堂教学逐步从"教为中心"向"学为中心"转变，学生核心素养的养成已寓其中。

（顾亚龙）

第三章

英语学科的"达"与"雅"

　　英语学科核心素养是学生在英语学科学习与体验中获得的能够适应学生终身发展和社会发展需要的能力和品格,主要包括语言能力、文化品格、思维品质和学习能力等四个方面。其中,语言能力是基础要素,文化品格是价值取向,思维品质是心智特征,学习能力是发展条件。英语学科核心素养要求学生英语学习的目标从强调培养学科知识与技能的综合运用能力转为综合运用能力与培养具有中国情怀、国际视野和跨文化沟通能力的社会主义建设者和接班人两者并重。因此,在英语学科教学中,教师既要关注学生对基本词汇、语法等知识的掌握情况,重视学生"听、说、读、写"各项能力的全面提升,同时更要通过英语学科的学习活动培育学生的语言能力、学习能力、人际交往能力以及跨文化理解和沟通能力。在课堂教学过程中,教师要创设紧密联系现实生活和社会实际的情境,作为培养学生语言能力的桥梁;要引导学生更多地接触和了解英语国家各方面的信息,扩展学生的文化意识,并在国际交流中树立民族自豪感。

1　高中英语过程性写作教学模式

一、引言

加强写作教学的策略研究是当前高中英语课程改革的要求。由教育部于2017年颁布的《普通高中英语课程标准》明确指出："语言技能是语言运用能力的重要组成部分。语言技能包括听、说、读、看、写等方面的技能。听、读、看是理解性技能，说和写是表达性技能。理解性技能和表达性技能在语言学习过程中相辅相成、相互促进。学生应通过大量的专项和综合性语言实践活动，发展语言技能，为真实语言交际打基础。"

同时，《上海市高中英语学科基本要求（试验本）》中的英语学科核心能力矩阵要求10—12年级的学生在语言运用方面要"能根据交际对象和目的，连贯、灵活地表达思想、观点和情感"。

但从目前高中英语教学实践和测试情况来看，高中英语写作教学的效果不尽如人意。写作教学并没有一个完整的体系和循序渐进的操作方式，而是往往沦为应付考试的突击性训练。此外，高中阶段的写作教学总体上还是采取以教师为中心的模式，过于注重句法、格式、语法等方面，忽视文章的主旨内容。教师往往将注意力过多集中于批改与评判作文，而忽略了学生在整个写作过程中出现的问题和遇到的困难，对学生的写作过程缺乏必要的认识和有效的指导手段。这样的写作教学方式导致的结果就是学生对写作始终不得要领。长此以往，学生信心必然受挫，对于写作任务也往往应付了事。

所以，在高中英语写作教学实践中摸索出一种行之有效的写作教学模式成为亟待解决的问题。

二、核心概念界定

（一）过程性写作

过程性写作认为,写作的本质不仅仅是对某些语法项目的理解、对修辞模式的模仿以及对所要写的内容的阐述,更在于培养学生的思维能力和自我表达能力。过程写作法把写作看作一种复杂的、循环往复的且富有创造性的行为,是极为复杂的心理认知过程和语言交际过程,而不是写作者的单独行为。它关注的是写作者在写作过程中所经历的内部运作过程(internal process),探讨的是写作者在写作中要做什么,诸如计划、修改等,而不是最终成品的样子,如文章的结构、拼写、语法等。学生在写作时,不仅要构思内容,而且要考虑所要达到的交际目的。过程性写作着眼于学生的写作实践,旨在帮助学生更清楚地认识写作过程,并引导学生进行反复的修改完善,强调在写作过程中帮助学生提高发现问题、分析问题和解决问题的能力。

过程写作法的复杂的、递归的特点以及各个写作环节间的交互影响如下图所示：

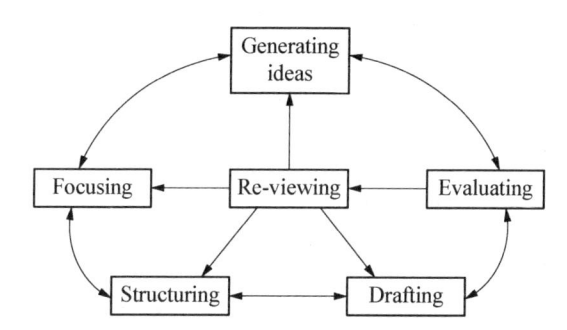

A model of writing (White and Arndt, 1991: 43)
过程写作中各个写作环节间的交互影响

（二）过程性写作教学法

过程性写作教学法的代表学者是弗劳尔和黑斯(Flower & Hayes)。他们认为写作过程是一种复杂的、有目标的、循环往复的活动,包括计划、述写和复查三个子过程。写作者在写作前必须对材料进行剪裁、安排、重新组织并确立目标,然后把思维转换成文字,最后对写出的东西加以重审。该理论指出,在写作过程中,教师的职责就是给学生营造一个轻松、自由、支持性的写作氛围,并通过多样化的写作活动,让他们在反复的写作与修改中开拓思路、完善文章内容。

三、过程性写作教学模式

写作教学是一个复杂的过程,瑞姆斯早在1983年就提出,我们在开始让学生准备写作时,要先问自己几个问题,如:如何通过写作帮助学生更好地学习语言?如何找到足够的写作题材?如何使主题更有意义?读者是谁?学生在课堂中将如何合作?我应该给学生多少时间写作?如何对待学生的错误?教师在开始上写作课前,必须思考这些问题。

过程性写作教学强调教师对学生写作策略的培养和对学生写作过程的全程指导。它一般可分为写前、写中、写后三个阶段。

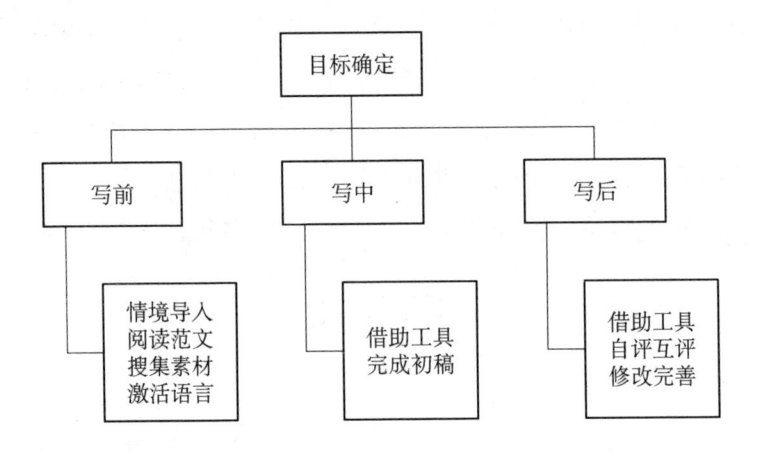

```
                    目标确定
        ┌──────────────┼──────────────┐
       写前            写中            写后
    情境导入        借助工具        借助工具
    阅读范文        完成初稿        自评互评
    搜集素材                        修改完善
    激活语言
```

(一) 写前阶段(Pre-writing)

写前准备是一个输入阶段,一种构思活动。在这一阶段,学生要明确写作任务,调动自己原有的知识并认识自己的缺口和不足,从而构建新的知识。这个过程有时伴随着查阅资料及分组讨论等活动,从而在讨论中深化主题,收集素材,打好腹稿,为下一步写作作好准备。写前阶段的教学主要集中在以下几个方面:

1. 创设情境,明确写作任务

《普通高中英语课程标准(2017年版)》指出:"在以主题意义为引领的课堂上,教师要通过创设与主题意义密切相关的语境,在主题探究活动的设计上,要注意激发学生参与活动的兴趣,调动其已有的基于该主题的经验,帮助学生建构和完善新的知识结构,深化对该主题的理解和认识。"

心理学认为,情境对人有直接刺激作用。学习的过程不只是被动地接受信息的过程,更是理解并加工信息、主动建构知识的过程。这种建构过程需要新、旧经验,需要通过新旧经验的相互作用来实现,适宜的情境可以帮助学生重温旧经验、获得新经验,可以提供丰富的学习素材和信息,有利于学生体验知识的发生和发展过程,有利于学生主动地探究、发散地思考,从而有利于学生认知能力、思维能力的发展,使学习达到比较高的水平。可见,情境创设已成为新教学模式的一个显著特征,以情境为基础的教学有利于激发学生的学习动机和探索欲望。而在写作教学中,情境的创设显得尤为重要。

米切尔·埃弗斯(Mitchell Ivers)在《优秀写作指南》(*Guide to Good Writing*)里写道:写作目的只是众多工具中的一种,但它能帮助你开始并继续前进。明确写作目的可以帮助学生找到主题或中心(the focus or point),避免跑题或重复。写作时不仅要明确写作目的,更要了解自己的读者对象。这样作者才能选择恰当的语言和适合的语气来进行表达。因此,每一次写作教学,教师都应该结合写作任务的要求以及学生自身兴趣、经历和驾驭语言的能力等实际情况选择和确定一个合适的情境,引导学生花一些时间思考写作目的和读者对象,以确定什么表达方式或者内容适合读者,并能为写作目的服务。比如,教师可以通过以下这些问题帮助学生树立读者意识:

◇ 我的读者可能是谁?
◇ 读者对我要阐述的内容了解多少?
◇ 如何才能吸引读者阅读我的文章?
◇ 读者在阅读我的文章时可能产生怎样的疑问?
◇ 我怎样才能让读者接受我的观点?

2. 阅读范例,学习相关写作技巧

阅读乃写作的基础,它不仅仅为写作提供表达形式、写作技巧方面的范例,而且在开阔视野、积累知识、丰富语言、陶冶情操等方面都会对学生产生极为重要的影响。在开始写作之前,教师为学生写作提供样本,学生通过阅读材料了解该类型文章的结构特点、语言特点以及常用的写作技巧,为后续的写作搭建语言和文体上的"脚手架"。

比如在学习写一封求职信时,可以让学生先阅读一封求职信的范例,在阅读的过程中帮助学生归纳出求职信的基本格式,求职信所包含的主要内容和一些常用的表达方式。然后再让学生根据写作任务完成自己的求职信。

模仿范文是读写结合的一条重要经验。在学习中,让学生带着写作目的去阅读,指导学生在剖析、赏读范文的过程中,感悟作者行文结构、语言组织和情感表达的方式,培养学生观察、认识、表达的素质,再引导学生模仿范文的立意、构思、谋篇和表达方法,掌握作文的规律,在借鉴、模仿的基础上写出自己的作文。

3. 收集、筛选和组织写作素材

在明确写作任务和写作要求以后,教师可以组织学生进行头脑风暴,激活学生的思维,开阔他们的思路,收集写作素材。

所谓写作素材,指作者为了撰写目的而搜集或积累的能够表现文章主题的事实或论据。收集写作素材在写前阶段是非常重要的一个环节。为了更好地帮助学生搜集写作素材,教师可以运用列清单(listing)、自由写作法(freewriting)、集束法(clustering)、提问法(questioning)等方法,引导学生对主题内容进行深入的思考、讨论等。其目的是激发学生的写作兴趣、开阔思路、搜集与主题相关的材料,并为后续的写作活动作好准备。比如在介绍某个节假日的文章时,教师可以向学生提问,或是引导学生自己提出问题:

When is the festival celebrated?

Why do people celebrate the festival?

What do people do during the festival?

……

教师通过这样的介入活动来帮助学生开拓思路,然后引导学生对所提问题进行提炼、归纳,从而把一个总话题(topic)分解成若干个子话题(sub-topics),形成写作内容。

值得注意的是,并非所有学生搜集到的材料都要写进作文里。教师应提醒学生根据自己的写作主题和写作目的对搜集到的内容进行筛选和排序。筛选材料是指通过比较搜集到的材料对中心的表现作用,从现有的材料中筛选出新鲜的、富有表现力的材料,再依据其与主题关系的密疏区分为重点材料和次要材料。对于筛选出来的材料可以依据时间的先后、事件的发展进程、地点的转换、内容的逻辑性等顺序来安排次序。合理安排材料的次序是文章各部分和谐共存的关键。

(二) 写中阶段(While-writing)

学生在经过写前准备阶段的充分酝酿后,须将思路转换成文字,进入形成草稿阶段。因为该阶段主要任务是形成初稿,这一阶段的写作重心应在于思路的清晰和行文的流畅,而不是语法的正确和语言的准确。对于教师来说主要是给学生充分的时间,让学生安静地思考和写作。但在学生写作初稿的同时,教师需要运用恰当的手段或工具,引导学生根据自己确定的主题组织写作内容和细节。

比如,在指导学生描写一个地点时,教师可以在学生动笔形成初稿前提出以下问题,让学生在写作过程中带着这些问题去写作。

- What dominant impression do I want to convey in my description?
- What sensory details do I need to use?
- Do they work together to convey this dominant impression?
- Are any details unrelated?

同时,教师可以提供一个描述性段落组织工具(Descriptive Paragraph Organizer),供学生来完成初稿。这可以帮助学生更好地把握文章的整体结构和布局,同时在学生进行自评和互评时能更方便、更清楚地看出存在的问题。

Descriptive Paragraph Organizer

Topic：_____

Topic sentence：_____

Detail 1：_____

Detail 2：_____

Detail 3：_____

Detail 4：_____

……

Closing：_____

(三) 写后阶段(Post-writing)

写后阶段是指学生在完成初稿的基础上,依据相应的标准进行自评与互评,对自己和他人作品提出问题,进行修改完善,优化初稿内容、结构及语言的过程。在这一阶段,教师需要做到:

1. 帮助学生制订一个检查列表

我们常常可以运用检查列表(checklist)来帮助学生进行自我检查和自我修正或相互评价。一般来讲,一个检查列表包含观点(ideas)、结构(organization)、语态(voice)、词汇选择(word choice)、语言流畅度(sentence fluency)、习惯用法(convention)六个方面的要素。

需要注意的是,检查列表不能一概而论,也不需要面面俱到。针对不同内容和体裁的写作,教师需要引导学生根据具体要求制订相关的细则。比如议论文写作注重阐明观点和主张,教师可以根据需要介入的重点引导学生制订一个这样的自我检查列表:

Checklist（Persuasive writing）

____ Is there a clearly stated thesis statement in your essay?

____ Is your thesis statement well supported by logically-arranged points?

____ Have all the points been explained with examples or reasons or else?

____ Is every piece of detail relevant to the point? Delete anything irrelevant.

____ Are there transitional words and phrases used to make the essay fluent?

而记叙文写作侧重记叙、描写和抒情，设计检查列表时应考虑到这些特性。教师可以引导学生制订一个这样的自我检查列表：

Checklist（Narration）

____ I have included a "hook" to grab the reader's attention.

____ I have used the 5 senses to create atmosphere.

____ I have included "action".

____ I have used powerful verbs and adjectives.

____ I have included dialogue.

此外，写前、写中和写后等不同的写作阶段有不同的写作要求和聚焦点（如下表所示），教师都可以根据需要制订适用于不同阶段的检查列表，帮助学生以此为依据进行自评和同伴间的互评。

Pre-writing & writing	Focus on the **ideas**, **organization** and **voice**.
Revising	Focus on the **ideas**, **organization**, **voice**, **word choice** and **sentence fluency**.
Editing	Concentrate on **conventions**.
Assessing	Consider all 6 traits.

比如，在写前阶段，教师要设法激活学生的思维，提高学生的写作兴趣，帮助学生理清写作的思路。以议论文写作为例，教师可以引导学生制订如下检查列表，以帮助学生明确写前阶段写作的要点：

Checklist（pre-writing）

____ Is there a clear thesis statement?

____ Is the point of view clearly stated?

____ Is the point of view well supported by enough points and details?

而在编辑阶段,学生主要是通读全文,纠正词语和标点符号等技术方面的错误。这时教师提供的检查列表应该侧重在规范(conventions)方面,如:

Checklist for Conventions

____ Have you started all the sentences with capital letters?

____ Have you spelled all the words correctly?

____ Have you ended all the sentences with a correct end mark?

____ Have you used correct forms of verbs?

---

2. 组织和指导学生利用检查列表进行修订

修改是写作过程中非常重要的一环,它能培养学生的读者感,培养其对潜在读者阅读期望的考虑,让学生有机会对自己的作品进行再思考、再升华,是真正提高写作能力的有效途径。

在修改之前,教师应给出修改的指导意见,必要时可以选一到两篇作文进行示范如何对照检查列表进行修改;不能让学生随意修改,否则难以取得良好的效果。学生本人、同伴、教师都应参与到修改活动之中。教师亦可设计相应的评价工具、表格供学生使用。如:

Peer Comment written by _____ for _____

Read your partner's paper. Answer these questions:

(1) What is the writer's main idea?

(2) Does the writer support that idea with evidence?

> (3) Is the conclusion effective? How would you improve it?
>
> (4) Do you notice any grammar or word choice errors? Underline them.
> ...
> Give this sheet back to your partner, and then discuss your answers.

在修改过程中,要尽可能采取多渠道进行反馈交流,如师生间、生生间的多向反馈交流模式。在此期间,始终以学生为中心,不断促进学生创造性思维能力和反复修改的写作能力的发展。

在教学过程中,指导学生在写作和改写过程中借助检查列表来评价和规范写作。一方面,为课后延伸活动作铺垫;另一方面,也通过工具的使用,逐步提升学生写作过程中的监控意识,以提升写作质量。

四、教学案例分析

高中英语过程性写作教学案例
——求助信写作
南洋模范中学 邢千里

(一) 教材分析

授课内容改编自《牛津英语》高一下册第五单元的写作任务,要求学生结合自身成长过程中的烦恼,写一封求助信(A Request for Help)。

(二) 学情分析

授课对象为南洋模范中学高一学生,思维活跃,勇于表达,有良好的课堂听讲习惯。但是如何清楚阐述自身成长烦恼、提供一定细节信息并运用恰当语言求助对于高一学生来说可能会是个难点,需要教师引导讨论并给予语言上的支持。

(三) 教学目标的确定

基于写作教学现状以及过程性写作理论,本课教学目标为:

1. 学生能知道求助信的写作格式以及写作目的。
2. 学生能清楚阐述自身成长烦恼、提供一定细节信息并运用恰当语言求助。
3. 学生能根据互评表对他人的习作进行评价。

（四）教学活动的设计

写前环节有三个任务。首先，教师展示一篇求助信例文，引导学生阅读例文并找出例文中心话题"成长的烦恼"(Growing pains)，自然导入本课主题。随后通过教师分享自己青春期时的烦恼，激活学生生活体验，唤起学生的情感共鸣，引导学生分小组轮流讲述自己成长过程中的烦恼，为写作提供话题和素材。之后，教师引导学生二读例文，分析求助信的格式、内容以及语言，明确求助信写作的三个基本要求，即提问具体、阐述充分以及求助有礼，为学生写作搭建语言和文体上的"脚手架"。

在写中环节，教师引导学生给老师写一封求助信，简要阐述成长过程中的烦恼并询问建议、请求帮助。有了写前环节的铺垫，学生明确了"写什么"，同时明白了"怎么写"，将求助信写作知识加以运用实践。

写后环节包含同伴互评以及呈现分享两个任务。教师随机分发学生初稿习作，并引导学生依据互评表对同伴习作的内容、格式、语言等进行评价，此举不仅能巩固课堂学习的求助信写作要求，还能培养学生修改完善的写作习惯以及评价反思的学习能力。之后教师邀请若干名学生分享其评价的习作，引导全班同学再次回顾本课教学重点，并为习作的修改润色提供指导样板。

作业部分要求学生针对收到的求助信写下建议，找回自身的求助信，并根据同伴的评价进一步完善习作。这样一来，学生既能巩固本课所学，写下的建议也为后一课时的求助信回信写作提供素材。

（五）教学评价

本课教学的评价手段主要包括教师对学生个体的口头评价、学生对学生个体的书面评价、学生对学生个体的口头评价三种。其中学生对学生个体的评价作为写后环节的组成部分，是本课的评价亮点。在写后环节中，学生需按照要求圈画求助信中的求助问题以及问题细节信息，并针对语言或内容作至少一处修改。首先，因为是同伴习作分享，话题又带有一定私密性，所以能在很大程度上激发学生阅读互评的积极性；其次，学生通过圈画，回顾了求助信的写作要求，确保本课教学目标的达成；此外，针对内容或语言进行修改这项任务，促使学生考量文章的完整性、流畅性以及语言的适当性、丰富性。

除学生对学生的书面评价之外，学生还将上讲台演示自己所批改的习作，并作简短口头评价。这一过程中，评价者可以带领班级同学以具体案例学习的方式，再次巩固本节课重点，同学们亦可参与到评价中，提出习作结构、内容以及语言方面的建议。教师可酌情针对学生的评价进行总结、深化。

（六）教学反思

本课较好地完成了预先设定的课程目标，课堂中学生回应踊跃、习作规范，在总结环节生成了学生对自身定位的认识以及与他人相处的新认识。教师以自己的经历做例子，激发学生的同感共情，通过讨论帮助学生拓展思路、积累写作材料，通过范例分析帮助学生明晰问题结构，最后通过学生互评体现课堂产出效果以及及时的反馈指导。

五、结语

写作水平的提高不是一朝一夕的事，它需要长时间的学习和训练。写作教学必须从短期的突击应试转变为长期的、有目的的、系统的写作能力的培养。教师应更关注学生的写作过程，通过适时介入和引导，使学生在写作过程中学会如何开拓思路，寻求真正想要表达的内容，并在不断探索意义的过程中完善表达方法，从而真正地提高写作能力。

（孟　莎）

2　初中英语记叙文体裁阅读课教学模式

一、引言

英语课程是一门学习及运用英语语言的课程,强调对学生语言能力、文化意识、思维品质和学习能力的综合培养,具有工具性和人文性融合的特点。其中,英语语言能力构成英语学科核心素养的基础要素。而英语语言能力听、说、读、写、看中的阅读不仅是语言学习者需要掌握的重要语言技能之一,也是学习者获得语言输入、提高逻辑思维能力、培养文化意识和学习能力的主要途径。阅读在提升中小学生英语语言能力、发展他们的思维品质、塑造良好的文化品格、促进学习能力的全面发展等方面具有举足轻重的作用。因此,语篇阅读是中学英语语言学习的主要内容,阅读教学是中学英语教学的重要部分。

近几年,随着中学英语阅读教学重视度的提高和研究的深入,教师基本形成了阅读教学读前、读中和读后的三段式阅读课教学范式。读前通过引出话题、扫除阅读障碍等活动激活学生阅读兴趣,为阅读作准备;读中运用图表或问题链等图式结构开展语篇主要内容的教学活动,帮助学生阅读理解;读后以说或写的语言输出形式巩固学生对语篇文本内容的理解。三段式的阅读课教学范式较有效地帮助了教师有序设计实施一节阅读课,帮助学生在完整体验一个语篇阅读的过程中形成一定的阅读方法和阅读理解,产生一定的阅读思考和语言活动。三段式阅读课教学范式为阅读教学课堂构建了一个基本的教学流程框架,但是读前、读中和读后每个阶段的教学方法及其在课堂教学中的比重不应成为一个一成不变的定式,而应随着文本体裁、文本内容以及学习目标的不同而不断变化。如"时刻表""使用说明书"这一类非连续性文本的阅读材料，在阅读课中就无法遵循"引入——理解——感悟"的读前、读中、读后的三段式阅读教学模式，更需要通过"明确功能——获取信息——实践应用"的阅读教学步骤来指导学生阅读此类非连续性文本，并能在实践体验中转化成实际生活能力。其实，早在20世纪80年代，阅读教学"体裁教学法"就盛行于西方教育体系，并取得了令人瞩目的发展，它建立在语篇的体裁分析基础上，把题材和体裁分析理论自觉地运用到课堂教学中，围绕语篇的图示结构开展相应的教学活动。不同体裁的语篇有不同的阅读教学模式，教师在解读语篇文本时，要依据不同语篇的体裁特征确定不同的教学实施步骤。

二、初中英语记叙文体裁阅读教学模式的提出

九年义务教育英语课本（牛津上海版）六到九年级的教材中有较多的不同类型的记叙文体裁的语篇，包括事件记叙类的"The typhoon""Dealing with trouble"，寓言类的"The grasshopper and the ant""Mr. Sun and Mr. Wind"，童话类的"The happy farmer and his wife"，科幻小说类的"Caught by Gork"以及名著小说节选类的"Tom Sawyer paints the fence"等，是初中阶段学生学习的主要阅读文体之一。

《上海市初中英语学科教学基本要求》将学生在初中阶段英语记叙文语篇阅读的最高学习水平定为D水平，要求学生在记叙文阅读中能把握记叙文的基本信息、熟悉记叙文的基本结构、把握记叙文的主旨大意和段落大意、通过上下文推断关键词句的意思等。结合近几年观摩的优秀记叙文体裁语篇教学课例的经验提炼，旨在依据体裁特征有效设计阅读教学，笔者以奥苏贝尔的有意义学习理论为建模基础，细化读前、读中、读后的阅读课三段式教学模式，提出了初中英语记叙文体裁语篇阅读课"阅·读——演·绎——评·思"浸入式三读教学模式（见下图）。

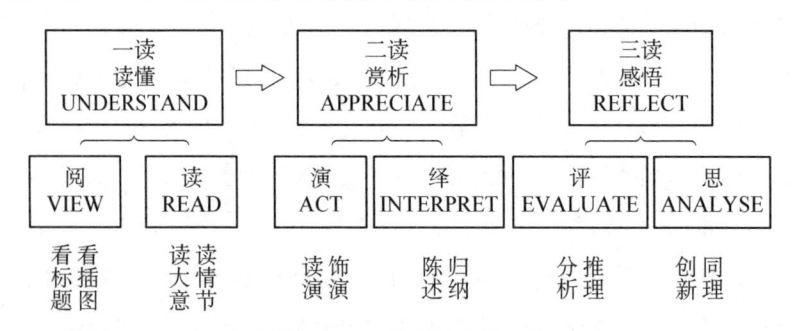

一读 读懂 UNDERSTAND → 二读 赏析 APPRECIATE → 三读 感悟 REFLECT

阅 VIEW	读 READ	演 ACT	绎 INTERPRET	评 EVALUATE	思 ANALYSE
看看标题插图	读读大意情节	读演饰演	陈述归纳	分析推理	创新同理

初中英语记叙文体裁阅读教学模式

三、"阅·读——演·绎——评·思"浸入式三读教学模式

（一）理论依据

记叙文体裁的文本阅读对于初中学生并非是新授的学习内容，在英语课堂外，学生从小就有各类绘本或者故事阅读的经历；而在同为语言文字类学科的语文课堂中，学生也早已大量接触了记叙文体裁文本，能准确判断话题与叙事修辞方法等，接受了记叙文阅读方法的教学指导，记叙文体裁阅读的相关知识已经是学生认知结构中的一部分。在小学阶段，高年级英语教材中也有英语小故事阅读的兴趣培养单元。因此，在初中阶段，记叙文体裁的阅读教学并不需要教师大量的阅读方法的传授，而是需要学生自主阅读，主动将原有认知结构中的记叙文阅读相关知识转化到英语学科记叙文体裁文本的阅读过程中。正如奥苏贝尔所说，要想实现有意义的学习，真正习得知识的意义，关键是要在当前所学的知识内容与学习者原有认知结构中的某个方面（表象、概念或命题）之间建立起非任意的实质性联系。能否建立起新旧知识之间的这种联系，是影响学习的最重要因素，是教育心理学中最基本、最核心的一条原理。要学的主要内容不是（由教师）传递的，它在从意义上被纳入学生的认知结构以前必须由学习者自己去发现出来。也因此，在笔者提出的"阅·读——演·绎——评·思"浸入式三读教学模式中，学生在三段阅读活动中都是阅读活动发生的主体，学生构建并复现认知结构中记叙文体裁文本阅读的基本方法，会阅读，能读懂。

奥苏贝尔不仅提出了"有意义学习理论"，还注意到了影响学习过程的另一重要因素——情感因素。他认为学习动机对学习产生影响，学习动机由"认知内驱力""自我提高内驱力"和"附属内驱力"三种成分组成。在本阅读教学模式中，"一读"满足了学生希望自主解决问题，了解事件发生、发展和结局的好奇心；"二读"中的演绎活动则让学生在生动朗读、合作表演、故事复述中表现自我，享受来自同学与老师的赞誉，得到知识之外的自尊满足；"三读"中的思辨活动对学习、思维与语言表达能力提出了更高的要求，激活了学生的自我提高内驱力，获得了知识之外的地位满足。"阅·读——演·绎——评·思"浸入式三读教学模式在教学过程的不同阶段利用这些动机，使得情感因素与认知因素能较好地配合，为取得良好教学效果服务。

（二）教学目标

1. 能够在记叙文体裁文本阅读过程中，运用已有体裁阅读方法的知识，自主选取合适的阅读方法，解决阅读中出现的词汇、体裁甄别、叙事特点等问题，了解事件基本

内容与情节发展。

2. 能够通过对人物行为、对话的深入解读，对修辞的判断与赏析等，理解细节信息，形成阅读兴趣或学会欣赏记叙文体裁文本。

3. 能够在深度理解内容与文本写作赏析的基础上，通过反思或质疑文本话题内容和文本评析，形成一定的价值判断或道德认同。

（三）操作程序

初中英语记叙文体裁阅读教学的浸入式三读教学模式主要由三个阅读体验环节构成，每个阅读体验环节包含两个指向学习目标达成的学习活动。

一读——读懂：

本阅读环节是指学生首次接触需要阅读的记叙文文本，自主选择运用记叙文阅读策略，通过独立的文本整体性阅读，对记叙文的类别形成基本判断，判断其属于寓言故事、小说节选、日记记事还是科幻故事；了解记叙文的基本叙事结构，明确是正叙、倒叙还是插叙；获取基本叙事内容，知晓话题以及主要人物和情节。

本阅读环节包含"阅"和"读"两个学习活动。初中教材中记叙文体裁的文本多有绘本特点，图文并茂。图片不仅能增加阅读趣味，而且能够帮助学生理解叙事内容。"阅"的学习活动就是通过看标题和看插图，或者依托观看录像片段等，让学生对所要阅读的记叙文的叙事话题和大概情节有一定的预判和初步了解，建立与后续阅读活动的初步关联。例如学习九年级 B 册第五单元中的名著节选语篇"Tom Sawyer paints the fence"时，学生可以通过看课文题目和所配插图去猜测刷栅栏和悠闲地吃苹果的小男孩中哪个可能是 Tom Sawyer，去揣摩为什么图片中小男孩们都排着队等着要刷栅栏，大致构建故事的主要内容。

"一读"环节中的"读"主要为整体性地通读，其目的在于读懂语篇的大意，通过获取记叙文六要素了解叙事的主要内容和情节发展，明确所读记叙文类别。在知道语篇内容的基础上，学生可能会对阅读内容形成初步的情感态度与价值观判断，如"很有趣""我觉得 Captain King 很聪明""我可能不会那样"等。这样的初步阅读体验为"二读""三读"过程中通过语言文字的赏析和语篇内涵的解析来深化阅读理解作好了铺垫。因此，教师要关注"读"后学生的读到与读懂，设计事件发展的情节排序、图片配对、主要信息的判断与问答等学习活动；也要适时地引导学生将读到的内容转化成一定的阅读情感。

二读——赏析：

本阅读环节是在"一读"基本了解语篇叙事主要内容之后的细节阅读，通过对人物对话、行为以及情节发展与变化的感知和深度体验，获得阅读乐趣。

本阅读环节包含"演"和"绎"两个学习活动。初中英语教材中的记叙文体裁的语篇多为寓言故事、科幻故事、神话故事和富有生趣的儿童文学节选，人物性格特征明显，生动有趣。在叙事时，低年级文本还通过人物对话来帮助刻画人物，情节颇有童真童趣。这类教材内容很适合在初中学段的英语课堂中以表演的形式把文字材料承载的内容显性化。教师可以根据文本特征以及预设的课堂教学目标和课时教学容量，设计依据教材文本的分角色朗读表演、依据教材文本故事的部分情节或者完整故事的剧本编写与表演等教学活动。在"读演"和"饰演"的活动驱动下，学生在教师指导下将自己置于所阅读的叙事人物角色中和事件情境中，从读者视角转化为角色视角，有利于加深阅读理解。在英语课堂中，阅读课不仅承载着阅读能力的培养任务，同时还肩负着英语语言的学习功能。大声的、有感情的角色朗读，有助于提高学生英语朗读的语音语调的准确度，也能引导学生关注在不同情境中，表达不同情感态度时，句间重读和句末升降调的变化。

在"二读"中，教师除了设计"读演"或"饰演"的学习活动外，还可以有意识地设计文本词、句、段的品读赏析活动。记叙文体裁的文本与说明文、议论文较客观平直的表达方式不同，学生可以通过品嚼选词的不同，体会倒叙、插叙的叙事方式以及分析判断文本中修辞的功能等，深入理解叙事内容，同时巩固或提高品读记叙文体裁文本的阅读方法与能力。

三读——感悟：

本阅读环节是读后的思考表达，是建立在"一读"的初步情感体验和价值判断以及"二读"的深度理解与文本咀嚼基础上的反思与评判，是指向学科核心素养学生思维品质培养的重要学习环节。

本阅读环节包含"评"和"思"两个学习活动。本阅读环节虽然是读后活动，但是活动主旨不应脱离阅读内容与阅读理解，"评"和"思"的学习活动设计要与阅读文本形成关联。"评"是指在文本中寻找证据来佐证阅读后形成的人物分析与判断、叙事文本传递的情感态度以及可能宣扬的价值取向和道德伦理；"评"也可以是基于内容理解，依据文本中的叙事线索对人物、事件发展与结果以及作者的态度观点形成的基本结论与推理;"评"还可以是对文本内容和普遍性文本解读结论的质疑。

"思"的学习活动不是独立于"评"的学习活动之外的,评析评价的过程需要学生从最基本的思考活动,逐步发展到反思及辨析活动,并最终能够由文本产生同理思维和创新思维。

四、教学案例分析

(本案例来源及供稿提供:徐汇区教育学院附属实验中学王冬英)

英语记叙文体裁"阅·读——演·绎——评·思"浸入式三读教学模式
教学案例分析

(一)教学内容来源

本案例的教学内容是九年义务教育英语课本(牛津上海版)七年级第二学期第三模块第九单元第一课时的阅读文章,文章的标题为 Mr. Wind and Mr. Sun。

(二)教学内容分析

本文是一篇寓言故事形式的记叙文。文本讲述了这样一个故事:风先生很是骄傲,特别喜欢向他人炫耀他的力量。当他听到别人议论他和太阳先生一样强大时,他就很不服气。于是他要和太阳先生进行一次比赛,看谁能在最短的时间里将路人的外套脱掉。虽然风先生很努力地吹着风,但结果是路人将自己的外套抓得更紧了。太阳先生则将自己的热量洒向大地,不一会儿路人因为天气变热,身体出汗了,所以将外套脱了下来。风先生输了比赛,很是沮丧。尽管太阳先生赢了比赛,但是他依旧安慰风先生,告诉风先生每个人都有长处和短处,要看到自己的长处,并把长处发挥在有用的地方。

一般来说,寓言故事有以下几个特点:一是语言较为简单明了,生词量不大,即使有生词,也不影响学生看懂故事;二是寓言故事常常教给读者人生的道理;三是寓言故事的开头总是平铺直叙,为故事接下来的情节发展作铺垫,内容生动有趣。寓言故事中的经验教训通常是通过人物与故事情节的发展表现出来的。在本文中,人物的性格特点也特别鲜明。

(三)基于学生的学习起点确定教学目标

本课的授课对象是七年级的学生,在小学阶段和六、七年级的教材里,学生们都有过阅读寓言故事的经历,例如小学里学过丑小鸭的故事,七年级学过蚂蚁和蚱蜢的故事以及快乐农夫和他的妻子的故事。在文章完整没有障碍的情况下,以上的学习经历足够让本班的学生读懂本篇寓言故事,了解故事的情节发展,理解故事的寓意。学生在反复的阅读过程中,应该能通过各种线索,体会人物的情绪、人物的性格特点以及故事的寓意。

因此,根据学生已有的学习基础和阅读经历,确定了本课的教学目标:

1. 读懂寓言故事,理清事件发展顺序
2. 体会人物的情感变化和故事的道理
3. 能用英语比较合理地表达寓言故事所要传达给读者的道理
4. 基于三读教学模式分析课堂教学设计说明

一读:通过阅(view)和读(read)来读懂故事

活动1:Match the picture with the sentence

在这个活动中,教师给出和故事主要情节相关的五张图片,一张是故事的开头,三张是关于故事发展的部分,还有一张是故事的结尾。学生要将教师从原文中选取的句子和图片进行配对。这个活动很简单,旨在让学生了解学习内容为记叙文体裁,基本掌握故事主题。在图文配对后,教师可以通过追问"Can you guess what they are doing according to the pictures?"让学生们预测故事的大概内容。

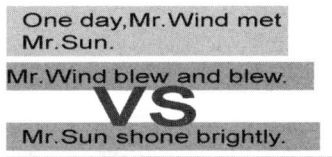

活动2:Put the paragraph in the correct order

在教材中,故事的段落顺序已被打乱,学生要通过阅读将段落正确排序。在阅读过程中,学生需要抓住那些体现故事先后发展顺序的关键词句,例如,段落中的"one day"就是告诉读者故事从这里开始了。"you go first"说明是 Mr. Wind 先进行比赛,所以第三段中就会出现这句话:Mr. Wind blew and blew。在得出正确的段落顺序的同时,学生不仅了解了故事的大致发展情节,也训练了阅读理解句段逻辑的技能。

活动 3:Read and know about the competition

在这个活动中,学生通过回答问题并完成表格的方式,获取故事的完整情节。问题紧紧围绕 Mr. Wind 和 Mr. Sun 各自比赛的方式、结果以及产生这个结果的原因和最后的结局。如下图:

About the competition

What did Mr. Wind/Sun do?	
Mr. Wind <u>blew hard</u>.	Mr. Sun <u>shone brightly</u>.
What happened to the man?	
The man <u>held</u> his coat <u>more tightly</u>.	The man <u>took off</u> his coat.
Why did the man do so?	
The man felt <u>cold</u>.	It became <u>warmer and warmer</u>. The man felt <u>hot</u> and started <u>sweating</u>.
Mr. Sun got the man's coat off.	

二读:通过演(act)和绎(interpret)来赏析故事

活动 4:The changes of Mr. Wind's feelings

在这个教学活动中,学生要通过阅读获取体现 Mr. Wind 的情绪变化的单词,进一步理解故事情节发展和人物性格特点。Mr. Wind 的情绪变化是本文呈现故事情节发展的线索。例如,故事一开始,就交代了 Mr. Wind 是一个爱炫耀的人,教师可以请学生用肢体语言来展示什么是 proud,什么是 show off 等,再请学生有感情地朗读体现 Mr. Wind 的这些情绪的语句,在这个过程中,一个活生生的骄傲的 Mr. Wind 展现在大家的面前。随着故事的发展,他输掉了比赛,他的情绪又导向了另一个极端,极其失落,这时再让学生演绎那种失落的画面。然而,故事并没有结束,当故事的真正结局展现在学生眼前时,学生们又会随着 Mr. Wind 一同高兴起来。

```
The changes of Mr. Wind's feelings

proud           'Don't feel sad,' said Mr.
  ↓             Sun. 'I think we're as strong
angry           as each other. I can make
  ↓             plants grow and you can push
disappointed    boats forward.'
  ↓             'I agree,' said Mr. Wind and he
sad             smiled.
  ↓
happy
```

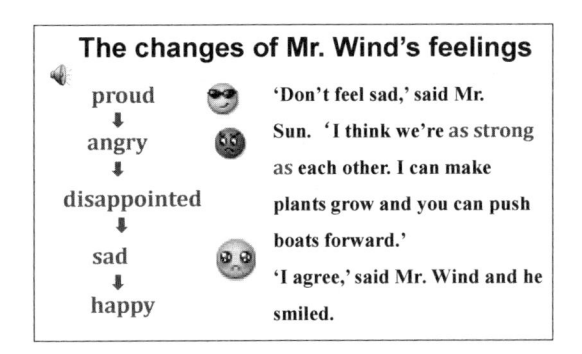

三读：通过评(evaluate)和思(analyse)来感悟故事

活动5：What kind of person is Mr. Sun?

通过回顾"二读"中对故事的演绎，细细阅读最后一段中 Mr. Sun 对 Mr. Wind 所说的话，一起来基于阅读信息评价 Mr. Sun 的性格特点。有学生认为他很谦虚(modest, humble)，有学生认为他很友善(kind, friendly)，还有学生认为他很有礼貌(polite)。在学生们作出评价并结合文本给出依据时，对故事的理解和感悟也会更深刻。

活动6：What did Mr. Sun say?

这个活动需要积累整节课的学习内容与学习体会来思考，推理这个故事想要告诉读者的道理。学生视角各不相同，在基于各自理解和价值认同的基础上，各个学生结合自身生活经历，给出各具特点的观点表达。

5. 教学流程图

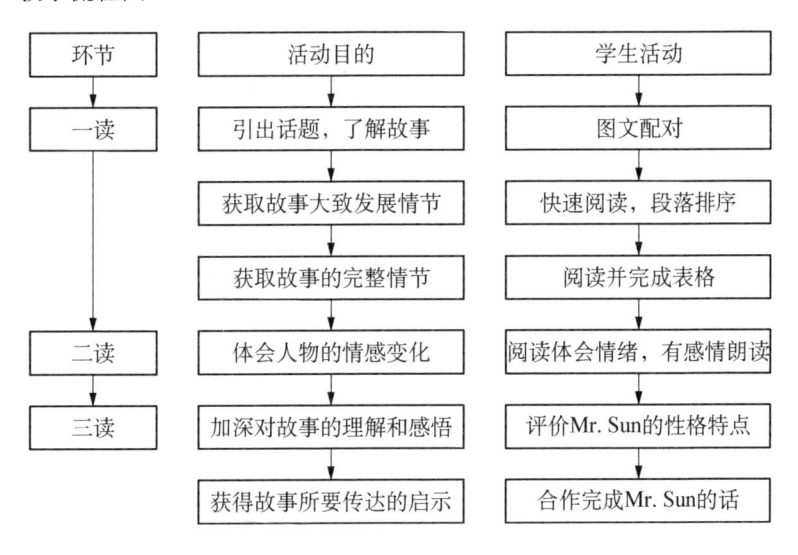

环节	活动目的	学生活动
一读	引出话题，了解故事	图文配对
	获取故事大致发展情节	快速阅读，段落排序
	获取故事的完整情节	阅读并完成表格
二读	体会人物的情感变化	阅读体会情绪，有感情朗读
三读	加深对故事的理解和感悟	评价Mr. Sun的性格特点
	获得故事所要传达的启示	合作完成Mr. Sun的话

五、实施建议

1. "阅·读——演·绎——评·思"浸入式三读教学模式中的每个环节都很重要,不可盲目追求学生思维发展。英语阅读课毕竟与语文的阅读课有不同之处,英语阅读教学在初中阶段才正式开展,如何阅读英语语篇,学生需要有一定的引导,阅读方法需要反复实践与巩固;同时,语言的障碍也会影响学生的阅读与理解。因此,要重视"一读"的充分阅读的读懂和"二读"的深入阅读的理解。

2. 教师要遵循认知规律,重视情感因素。教师要理解记叙文体裁阅读是学生已有的认知,教师无需过多介入传授知识与方法。"一读"时不必设计过多的引入活动,不能把阅读篇章按照教师理解切分阅读,尽量让学生独立完整地完成文本的阅读,并有充足时间去选择、调整阅读方法,教师在"一读"环节要沉得住气,耐得住性子。"三读"环节要尊重学生的个体体验与不同价值观点,不用教师主观理解去给学生思维设限,即使有偏离主流价值观的观点出现,教师也可以要求学生提供证据去引发学生自我反思与调整,或者形成集体讨论来疏导。当然,教师也需要仔细研读文本,根据学情设计合适的"三读"活动,不必都是需要学生阐述的伦理道德的观点表达,也可以是"if you were..., what would you do?"的角色换位思考,或者更简单的补充、改写结尾等。

3. 笔者提出的初中英语记叙文体裁阅读的模式仅是一个普遍适用的课堂教学模式。教师需要理解"教无定法",记叙文体裁阅读的教学模式也可以随着阅读文本的不同、阅读课教学目标的不同而有不同的教学选择。

(朱世玮)

3 单元视角下体现核心素养的听说教学设计研究
——从有效输入到有效输出的初中英语听说课模式探索

在听说课堂中,为了让学生有效输出,教师通过多种教学方式和教学手段,使学生获取知识,促进智力发展,培养独立思维和独立进取的意志品质。徐汇区初中英语教师在"基于课程标准教学的区域性转化与指导策略研究"项目中,积极探索以学生学习为中心的课堂教学,以"立德树人""核心素养培育"为导向,提高学生语言综合运用能力。听说课是初中英语课堂教学的课型之一。听说教学是指既有听(Listening)的语言输入,又有说(Speaking)的语言输出;一节有效的听说课是输入与输出的有机结合。

一、理论依据

(一)课程标准对学科核心素养的要求

自2014年3月教育部发布《关于全面深化课程改革落实立德树人根本任务的意见》提出"核心素养"这一重要概念后,关于核心素养的讨论就成为教育界的热点。《普通高中英语课程标准(征求意见稿)》(以下简称《课程标准》)将英语学科核心素养定义为:"学生在接受相应学段英语课程教育的过程中,逐步形成和提升的适应个人终身发展需要的必备品格和关键能力,综合表现为四大素养,由语言能力、文化品格、思维品质和学习能力组成。"学科核心素养的内容、层次和特点主要体现在以下方面(马黎,2018):

学科核心素养的内容、层次和特点

核心素养	素养内容	素养层次	素养特点
语言能力	语言知识(语音、语法、词汇、语篇、语用)	识记 理解 运用	体现英语学科特质的语言交际能力

(续表)

核心素养	素养内容	素养层次	素养特点
文化品格	文化知识 跨文化意识 跨文化理解 跨文化交际	理解与判断 比较与分析 阐释与鉴别	解释英语学习更高层面的价值追求
思维品质	实时信息识别与理解 分析与评价 判断与阐释	观察与比较 分析与推断 归纳与建构	从思维层面体现逻辑性、批判性和创新性
学习能力	学习兴趣 学习策略 学习资源渠道	计划与总结 分析与评价 调控与反思	体现语言学习的途径与方法

为体现学科核心素养，听说教学的活动设计要围绕这些素养内容、层次和特点展开。

(二) 图式理论在输入与输出阶段的运用

图式理论是认知语言学的重要概念。图式这一概念由康德(Kent)于1781年提出，指的是人们接受新的信息前，头脑中已有的知识与新信息建立联系，通过新旧信息的作用建立意义。

1. 输入阶段

在听说课中，听作为输入部分。根据图式理论，预测的过程是学习者提取已有背景知识或者图式，联系文本信息，不断比较、验证、修改的过程(柏佳瑜，2015)。听前阶段合理预测，可以激活学生的已有图式，激发学习兴趣，引发学习期待，使其更专注于即将学习的内容，有利于理解文本大意。听中阶段预测使学生积极、主动获取信息，持续探究，验证预测，有利于准确理解文本信息。

2. 输出阶段

听后的预测可以拓展思维广度与深度，为输出活动奠定基础，促进学生对听力文本内容整体理解。在听后的语言输出环节中，学生间的对话、角色扮演、采访等活动在输入理解的基础上，充分运用了自己的预测与想象，创造性完成输出活动。

二、单元视角下确定听说课教学目标

依据《课程标准》与《学科教学基本要求》，解读上海版牛津教材各单元教学内容，展开单元教学设计。钟启泉认为，单元是基于一定的目标和内容所构成的学习模块，是整个学科学习中具有能量的、不可缺少的组成部分。只有每一部分的学习目标都有效达成，才能保证整体的学科学习朝着正确的方向前进。因此，单元整体规划后确定单元教学目标。单元视角下听说课教学目标的确定遵循以下路径：

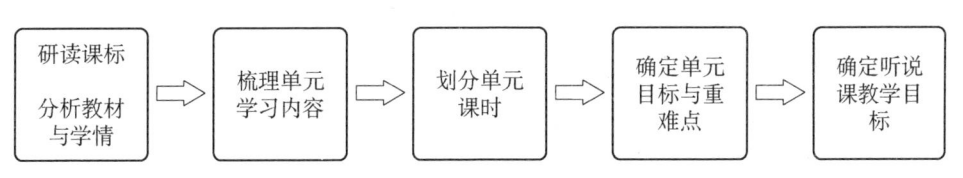

研读课标 分析教材与学情 → 梳理单元学习内容 → 划分单元课时 → 确定单元目标与重难点 → 确定听说课教学目标

确定单元视角下听说课教学目标的路径

三、听说教学活动设计流程

（一）教学准备环节

听说课课堂范式的实施要经历课前准备、课堂实施、课后拓展三个阶段。在研读课程标准、解读教材、了解学生学情的基础上，基于课程标准的教学与评价设计教学活动，最终提高学生听说能力。为了体现听说课的教学理念——有效输入与输出，教师在课前准备、课堂实施与评价、课后拓展设计过程中要遵循以下操作流程：

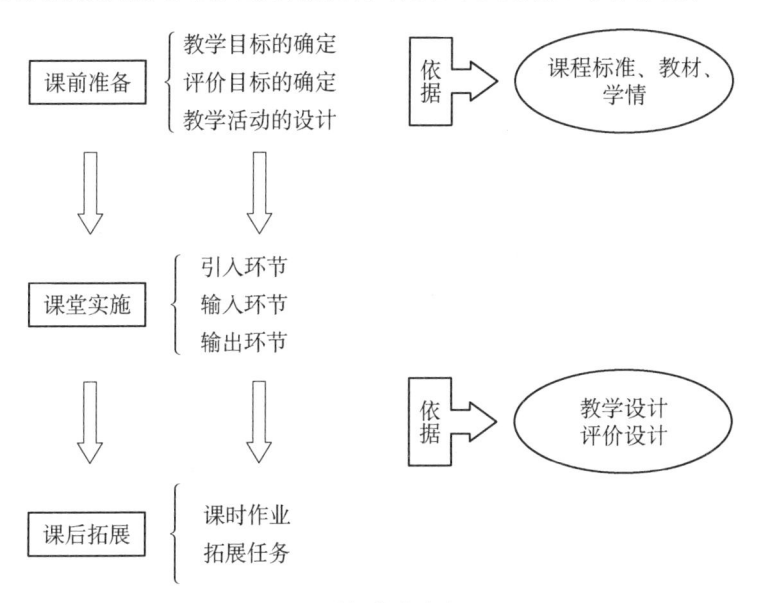

课前准备 { 教学目标的确定 / 评价目标的确定 / 教学活动的设计 } —依据→ 课程标准、教材、学情

↓

课堂实施 { 引入环节 / 输入环节 / 输出环节 } —依据→ 教学设计 评价设计

↓

课后拓展 { 课时作业 / 拓展任务 }

听说课范式流程

教学目标与评价目标的确定直接影响着教学活动设计。为了实现教学目标、课堂教学、学生评价的一致性,教学活动的设计包含教学设计与评价设计。听说课教学活动设计要充分考虑以下要素:

- 听说教学活动的设计能体现评价设计与目标达成。
- 听说教学活动的设计能体现听说活动设计理念。
- 听说教学活动的设计能体现多元化的评价方式。
- 听说教学活动的设计能体现有效输入到有效输出的过程。

（二）课堂教学环节

课堂教学环节实施的有效性体现在教学目标、教学活动实施与教学评价的一致性。听说课课堂教学由引入、输入与输出三个教学环节组成(见下图):

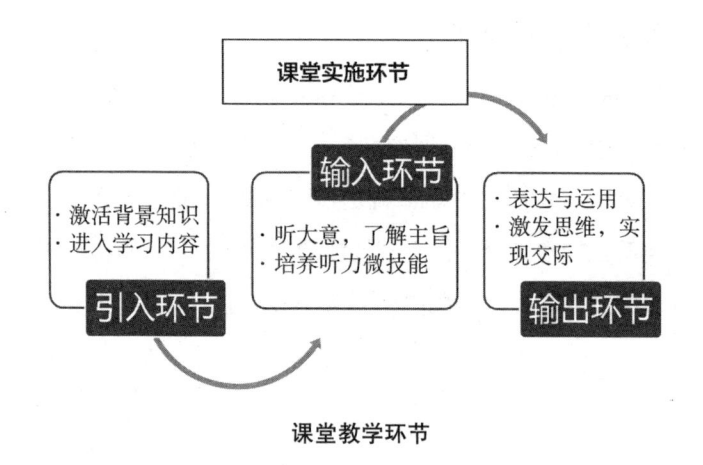

课堂实施环节

引入环节
- 激活背景知识
- 进入学习内容

输入环节
- 听大意,了解主旨
- 培养听力微技能

输出环节
- 表达与运用
- 激发思维,实现交际

课堂教学环节

引入环节(Lead-in)

在预设学生可能会遇到的困难的前提下,激活背景知识,快速进入学习内容。可开展相关话题的预测活动。

输入环节(Input)

听大意,了解主旨,听懂故事情节,捕捉故事的基本线索。听细节并记录重点信息,培养听力微技能。

输出环节(Output)

教师创设的同话题的新的语境中,学生主动参与语言的交际运用,实现真实意义上的语言输出。学生在活动中从简单地运用句型表达、对话或复述,到激发思维并实

现交际与交流。（具体见表1）

表1　语言输出的形式

语言输出形式	语用体验形式
说(speaking)	报告(report)，对话(dialogue)，采访(interview)，短剧(role-play)等

四、听说活动设计理念

（一）基本要素

《普通高中英语课程标准(2017年版)》指出，英语教学应选择既有意义又贴近学生生活经验的主题，创设丰富多彩的语境，激发学生参与学习和体验语言的兴趣，以使学生能够在语言实践活动中反思和再现个人的生活和经历，表达个人的情感和观点。在发展语言技能的同时，提高分析问题和解决问题、批判与创新能力。因此，听说活动设计从激发学生兴趣出发，创设符合学生年龄特征的情境，设计适合不同层次学生的任务，关注学生的语言运用，鼓励学生的创造性思维，提高师生互动、生生互动的效率，引导学生全员参与。其设计要素主要包括六个方面。

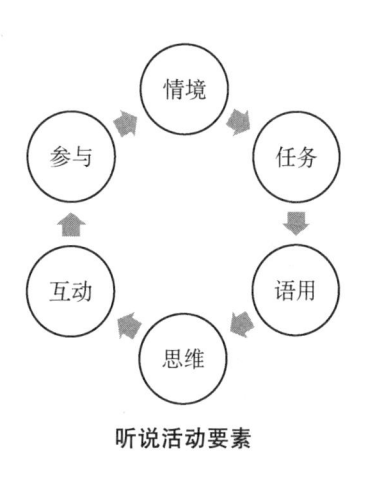

听说活动要素

1. 创设生活化情境

为了激发学生的学习兴趣，使其积极主动地参与课堂教学活动，教师所设计的活动不仅要符合学生的学习水平、与教学目标高度吻合，而且要从学生身边的事情出发、从学生喜闻乐见的情境出发。因此，我们所设计的活动，其情境应当是真实的，是能再现生活实际的。

2. 合理设计听说活动

教学活动设计的有效性与学生实际的学习能力密切相关。教师应充分考虑学生已有的背景知识、学科知识，对教师话语与指令的理解度，对活动要求的把握度以及对整个活动的兴趣度和积极性。

3. 关注学生语言运用

听说课课堂活动应当把"语用"放在一个十分重要的位置。学生需要掌握的词汇、句型、语言现象都要体现它的语用功能,而非单纯的语言知识。如果学生在活动中充分体验语言的运用、使用的场合、表达的含义等,那么,学生掌握的就不仅是单纯的句型,而是一系列文字背后的体验与感悟。

4. 提高学生思维能力

在听说课教学中,培养学生的逻辑思维、创新思维以及批判思维不仅是听说课本身品质的反映,更是学科素养的极大体现。学生在课堂中运用英语进行表达的过程就是用英语思考的过程,有利于提高学生的学习能力。

5. 生生互动体现"有我"

对子活动、小组活动是听说课课堂的主要形式。尤其是在课堂展现过程中,学会倾听也是听说课中一个重要的环节。学生是否听懂了同伴的发言?能否谈谈自己对同伴发言的意见,作出简要评价?鼓励学生大胆地表达个人感受并简述原因等。这些环节都是生生互动中"有我"的体现。

6. 提高活动参与度

鼓励全体学生参与到听说活动中,避免出现语言表达活动总是由优秀学生"唱主角"的现象。在活动设计与实施步骤中,教师要充分考虑到每位学生的学习能力与学习需求。从师生对话到生生对话,从个体活动到小组活动都体现了活动参与度。只有人人参与到每个听说活动,才能提高听说活动的效益。

(二)基本原则

为实现教学目标,听说活动设计要有层次性和关联性。根据不同年级的教学要求、不同年龄学生思维容量的差异,有不同程度的设计,并在各环节的设计中体现层次性和递进性,活动与活动之间紧密相连。

• 层次性　活动的能力要求由浅入深,层层推进,确保有效输入到有效输出的过程。

• 关联性　活动的内容围绕本课的话题与主题,而且从输入阶段听的内容理解到输出阶段说的语言表达和观点评说也是密切相关的,有其逻辑性的体现。

(三)设计依据

各种活动让学生积极主动地参与知识的学习、理解与操练运用。在学生主体参与基础上，力求提高学科核心素养。听说活动的设计依据包括四个方面，具体如下：

教学活动设计依据	教学评价	贯穿课堂教学全过程
	教学目标	体现知识、技能、情感三个范畴之综合
	主体参与形式	个体活动(Individual work) 同伴活动(Pair work) 小组活动(Group work)
	学科核心素养	理解与表达、文化与情感、语用与语感

五、思考

单元视角下的听说教学关注了听力策略的指导，体现了学科核心素养的"学习能力"。这既有利于形成有效输入，为有效输出打下基础，又能为学生的后续学习提供帮助。单元视角下的听说教学活动设计能体现主体参与，有利于形成有效输出，提高听说活动的效益，体现学科核心素养的"语言能力、文化品格、思维品质"。单元视角下的备课与教学，能体现基于课程标准的教学与评价。

附案例：

基于初中英语学科核心素养的听说教学设计
——以上海牛津教材 8AU6，
"Gorkella's visit to Shanghai"为例

一、课例背景

本节课是一节市级公开课。2016 年 12 月，上海市初中英语"提高听说课课堂活动效益"主题教研活动在徐汇区南洋中学举办。本节课由南洋初级中学赖美萍老师执教 8 年级听说课 Gorkella's visit to Shanghai。赖美萍老师基于单元主题和学生已有知识技能设计并实施教学，旨在提升学生的听力技能，即预测、排序和记录关键信息。学生在听的过程中，学会把握主旨大意；通过语言操练活动，内化语言功能和结构。教师适时创设语言情境，让学生在任务活动中自觉运用所学语言。教师在课堂教学中发挥了积极的引导和支持作用，通过激发学生提问，为小组采访活动作准备，降低了活动难度，提高了活动的效益。

二、教学分析

1. 教学内容分析

本课教学内容取自上海版牛津教材八年级第六单元 Listening 板块。听力的文本题材和体裁与单元主体教学内容一致,属于科幻故事,介绍了外星人 Gork 的妹妹 Gorkella 登陆地球城市上海后的一系列事件。教材中对于本听力教学的活动任务要求为"听并为图片排序"。

2. 重难点分析

重点:听懂听力内容,掌握听力微技能。

难点:在采访活动中进行有效交际,表达观点,促进思维发展。

3. 教学目标

基于对教学内容和学生情况的分析,本节课的教学目标设置如下:

By the end of the lesson, students are expected to:

(1) improve listening skills: predicting, sequencing and taking notes;

(2) understand the gist of the listening material and describe it correctly;

(3) improve communicative skills by making an interview in groups.

经过本节课的学习,学生能够:

(1) 提高听力技能:预测、排序和记笔记;

(2) 理解听力内容并正确描述外星人的一日游程;

(3) 通过采访的活动进行有效对话,表达观点并呈现采访结果。

4. 教学设计思路

本单元听力内容为外星人 Gork 的妹妹 Gorkella 来地球——上海考察的趣闻。通过听说课有效活动设计,让学生听懂听力材料内容,描述 Gorkella 一日游程,并从目击者角度谈谈对外星人 Gorkella 的感受。整节听说课从听力内容的输入到听力内容的输出,既培养了学生诸多听的微技能,如听前预测、听中捕捉内容主旨与记笔记,又为他们提供了语言表达的机会。活动的环环相扣引发学生思考地球人与 Gorkella 对本次游览的不同体会,从而激发学生的批判性思维。

三、教学过程

Step 1:Pre-listening 引入话题,预测内容

教师给学生展示图片,如图 1。

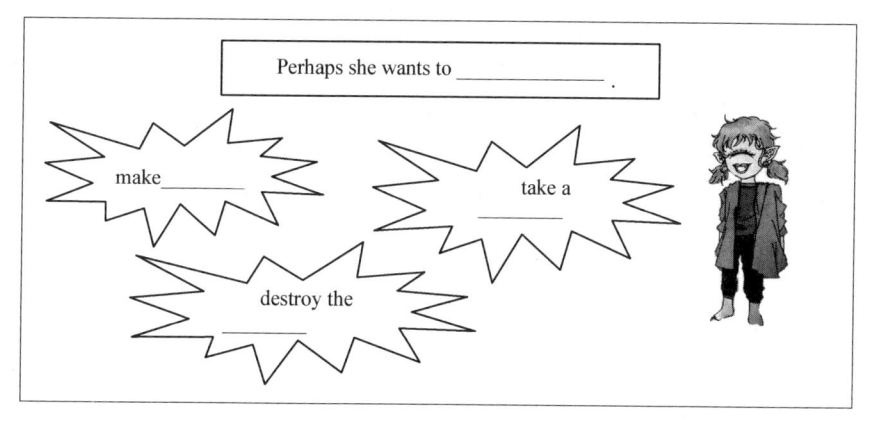

```
            Perhaps she wants to _____.

    make____                    take a
                                ____

          destroy the
          ____
```

图 1 导入话题与内容的课件页面

设计意图

引入话题"外星人"与人物 Gorkella，并预测其来访地球的目的。教师呈现的图片直击本单元话题"外星人"。教师通过让学生猜测 Gorkella 来访地球的目的，激活了听力背景内容，为听力内容的活动勾选作准备。

Step 2：Listening

1. First listening 听主旨内容

第一遍听力播放，学生勾选外星人 Gorkella 游览的地方，并了解她本次上海之行的主要游程内容。（见图 2）

Which places	Tick √
the underground station	
Disneyland	
Yu Garden	
Nanjing Road	
Longhua Temple	
Zhongshan Park	
Changfeng Park	
A seafood restaurant	
Shanghai Museum	
The ferry pier	

图 2 勾选游览的地方

设计意图

第一次听为抓取听力材料的主要内容,即外星人 Gorkella 游览的地方,通过勾选使学生形成听力过程中音与形的对应,在表格内出现的地名中作出取舍。

2. Second listening 排序,并记笔记

第二遍播放听力,教师让学生对游览顺序进行排序,并结合图片记录该行为的主要单词或短语。这一活动旨在引导学生掌握记笔记的方法。如对应听力图片1,学生应记录的关键词为——"landed"。(见图3)

图3 学生的学案

设计意图

通过排序,让学生听懂细节内容。记笔记的环节关注了学生学习策略的指导。对于学生不知怎么听、听完就忘的听力学习困难,有意识地在教学中补充"听并记录"策略的指导。

Step 3:Speaking

1. 复述听力内容

学生结合听力图片与笔记的关键词信息,用正确的游览顺序复述 Gorkella 的上海一日游程。

设计意图

这是从听力输入到输出的第一阶段,结合前一个环节的学习结果,借助关键词复述每张图片的内容。在说的过程中,学生运用了每张图片所包含的动作、地点以及人物心情感受,也为下一阶段进一步对 Gorkella 游程的评说奠定基础。

2. 设计采访问题

让学生分角色扮演"记者"与"路人",开展对 Gorkella 游览后的采访体验。"路人"作为旁观者描述外星人在某一地方的行为表现。学生们集思广益,思考记者该问些什么问题。(见图4)

R: This is Around Shanghai, may I help you?
W: You know it? I saw an alien!
R: Where is she now?
W:
R: What is she doing right there?
W:
R: All right, I'll be there soon.

图 4 采访问题设计

设计意图

在内容复述基础上,学生们通过小组内的角色扮演,模仿新闻媒体采访这一新奇事件——外星人来访。通过提问设计,提高学生的思维与交际能力,增强提问意识,以培养获取基本信息与个人感受的交际能力。

3. 描述目击现场

学生1(记者)采访多名学生(路人们),了解目击外星人的行为与游览后人们的感受。作为目击这一场面的"路人",学生们结合自身感受与想象,在描述外星人主要行为表现的同时表达了个人观点。(见图5)

设计意图

在采访中,教师引导学生记者从外星人的外貌特征、事件描述、人物情感等多方面展开提问,激发学生合理想象,鼓励学生进行情感与观点表达。这一活动旨在让学生在听说活动中形成互动交际,进一步体现学科的核心素养。

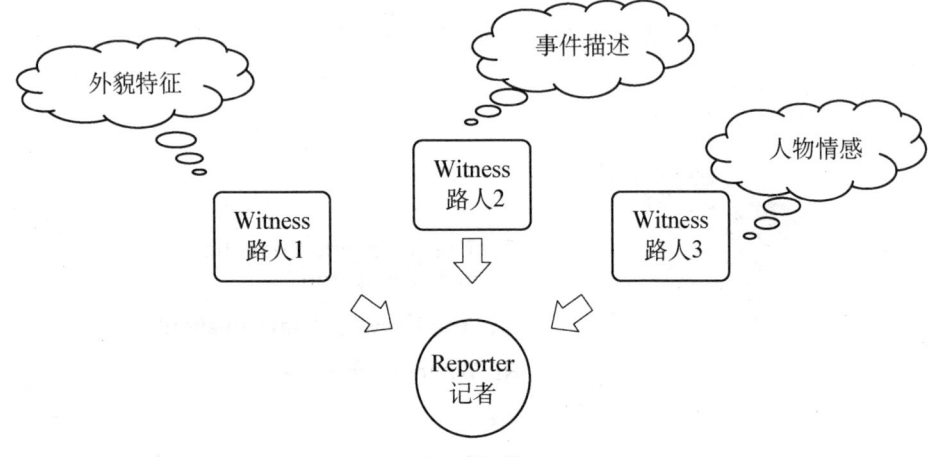

图 5　采访：描述目击现场

四、课后评析

1. 本节听说课能对教材教学内容实施合理开发。在原教材中"听并为图片排序"的单一听力微技能基础上，增加了"听并概括主旨大意""听并获取关键信息"等听力策略的能力要求。

2. 本节听说课能关注学生学习策略指导。对于学生不知怎么听、听完就忘的学习困难，有意识地在教学中补充"听并记录"的策略指导。

3. 本节听说课关注由听到说的活动链整体设计。从听前的活动铺垫到听中的内容输入，到听后的表达输出，听和说有序铺陈、环环相扣。

4. 本节听说课关注活动设计与实施的效益。以听说课活动设计核心要素"情境、任务、思维、语用"为导向，在设计时选择恰当形式，明晰活动任务与指令要求，体现语用的交际意义。

附1：活动与评价设计

下图为本节听说课的活动流程图。听说活动设计能实现教学目标，并培养学生听力微技能，最终形成语言综合运用能力与学科素养。

评价设计　　活动设计　　目标达成

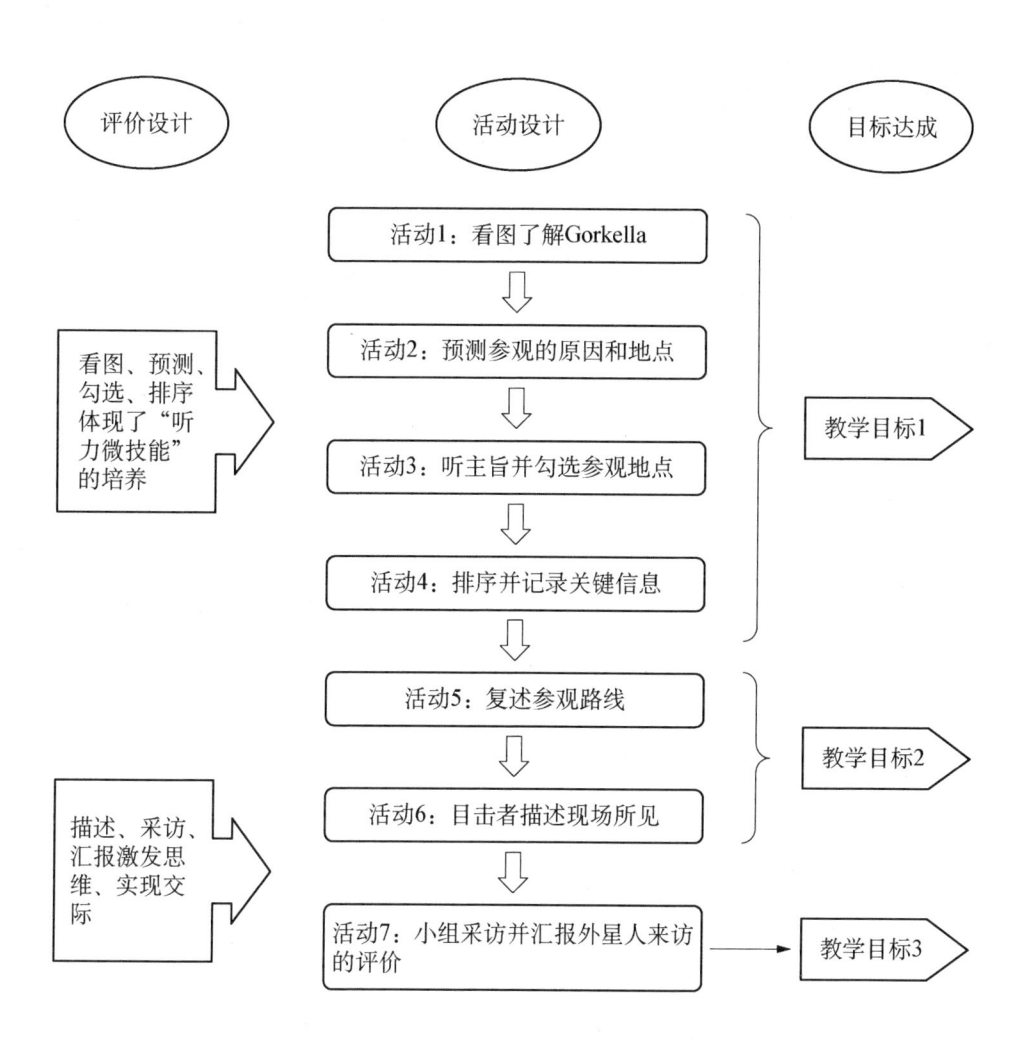

```
评价设计                活动设计                    目标达成

                    活动1：看图了解Gorkella
                            ↓
看图、预测、          活动2：预测参观的原因和地点
勾选、排序                  ↓                    教学目标1
体现了"听            活动3：听主旨并勾选参观地点
力微技能"                   ↓
的培养               活动4：排序并记录关键信息
                            ↓
                    活动5：复述参观路线
                            ↓                    教学目标2
描述、采访、          活动6：目击者描述现场所见
汇报激发思                  ↓
维、实现交            活动7：小组采访并汇报外星人来访   教学目标3
际                         的评价
```

附2：教案表格

Teaching procedures

Stages	Students' learning activities	Teaching purposes
Pre-listening	Know about Gorkella.	To get students prepared for the listening task
	Guess the reasons why Gorkella came to the Earth and the places she might went to.	

(续表)

Stages	Students' learning activities	Teaching purposes
Listening	Listen for the first time. a) Catch the main idea. b) Tick the places.	To help students to know about Gorkella's visit
	Listen for a second time. a) Order the pictures. b) Take notes.	To guide students to apply listening skills: sequencing and taking notes
Speaking	Retell Gorkella's visit in Shanghai.	To lead students to talk about the special experience based on their understanding
	Role play the reporter and the witness.	
	Carry out an interview in groups. a) Brainstorm what to ask. b) Carry out the interview and act it out (or report the result). c) Add a title.	To develop students' ability of critical thinking and communicative skills
Assignments	Finish the checklist.	
	Make an oral report according to the interview.	

(潘霖滋)

第四章

自然学科的"是"与"真"

物理学科核心素养是学生在接受物理教育过程中逐步形成的适应个人终身发展和社会发展需要的必备品格和关键能力,是学生通过物理学习内化的带有物理学科特性的品质,是学生科学素养的关键成分,主要包括物理观念、科学思维、实验探究、科学态度与责任;化学学科核心素养包括宏观辨识与微观探析、变化观念与平衡思想、证据推理与模型认知、实验探究与创新意识、科学精神与社会责任等五个方面,体现了化学学科的本质特征;生物学科核心素养主要包括生命观念、理性思维、科学探究以及社会责任;科学学科核心素养主要包括科学观念及应用、科学思维与创新、科学探究与交流以及科学态度与责任。物理、化学、生物、科学四门学科都属于自然科学领域,更强调科学知识的客观真理性以及科学活动的探索性。因此,在这四门学科教学中,教师要引导学生经历科学思维和科学探究的过程,同时伴随着科学态度与社会责任感的发展过程和对科学本质的认识不断深化的过程。在课堂教学过程中,教师要注重把学科学习和现实社会生活紧密联系,充分调动学生的求知欲和好奇心,引导学生基于证据和逻辑发表自己的见解,实事求是,认识科学本质,同时使学生理解科学、技术、社会、环境之间的关系,热爱自然,珍惜生命,具有保护环境、节约资源、促进可持续发展的责任感。

1 基于 APOS 理论的化学概念教学

许多教师认为,概念就是一种规定,让学生记住就行,没有什么好讲的,有时讲与不讲效果也差不多,不如节省出更多的时间来进行解题训练。因此,"一个定义,三项注意"式的概念教学比比皆是,在常态课中表现得十分突出。

造成这种现象的原因主要有两个:一是教师本身的本体性知识不足,对概念的理解和认识不够深刻;二是缺乏教学技能,不知如何从学生的认知规律出发展开教学。

要解决以上问题,一方面,教师要加强专业知识学习,提高自身的学科功底。另一方面,可以学习借助一些教学理论,提高教学技能。近年来,相关学者的研究结果表明,将 APOS 理论应用到概念教学中可以弥补我们目前概念教学方式的缺点。

一、什么是 APOS 理论

任何一个教育理论或模型都应该致力于回应"学生是如何学习的"以及"什么样的教学计划可以帮助这种学习",而不仅仅是陈述一些事实。基于这样的考虑,杜宾斯基等人建立了 APOS 理论——一个可以促进我们有效教学的教学理论。杜宾斯基认为,学生学习概念就是要建构心智结构,这一建构过程要经历以下四个阶段:

第一阶段——操作(或活动)(action)阶段:这里的操作(活动)是指个体通过一步一步的外显性(或记忆性)指令去变换一个客观的化学对象。

第二阶段——过程(process)阶段:对"操作"进行思考,经历思维的内化、压缩过程,在头脑中进行描述和反思,抽象出概念所特有的性质。

第三阶段——对象(object)阶段:当个体意识到可以将"过程"看成一个整体,并可以对其进行变形、转换和操作时,就会将这个过程作为一个一般意义上的化学对象,此时"过程"便凝聚成了"对象"。

第四阶段——图式(scheme)阶段:个体对活动、过程、对象以及原有的相关方面的图式进行相应的整合就会产生出新的图式结构(scheme),从而可运用于问题解决情境。

APOS理论最初是为数学学科概念教学提出的理论。在化学学科,有很多概念像数学概念一样抽象,因此运用APOS理论指导化学概念教学,不啻是一种有益的尝试。

二、APOS理论与化学概念教学整合

APOS理论为抽象概念教学提供了理论依据,基于化学学科操作性强、强调对化学实际情境体验的特点,APOS理论在化学概念教学过程中要经历以下4个阶段:

操作(活动)阶段:让学习者大量参与到事先设计好的活动中,直接或间接地体验与相关化学概念相联系的情境。在大量的活动与操作中,学习者对现象之间产生模糊的心理认知片段。

过程阶段:通过对化学概念的核心本质的明确和整合,使学习者目前所有的心理认知片段连贯起来,进而利用归纳抽象和更高级的活动或操作让学习者将部分连贯的认知片段与概念整合为一个高级的认知过程。

对象阶段:通过对认知过程和化学概念的整合使学习者将认知过程看作一个整体,并可以对这一整体在化学情境中进行转化推演,这时,这一认知过程就和化学概念整合形成一个独立和完整的对象。

图式阶段:通过对先前的操作过程和对象以及原先已有的图式进行整合,形成全新的图式以应对与这一化学概念相联系的各种新的问题情境。

三、基于APOS理论的化学概念教学实例

下面以高中化学教材第四册中"同系物"概念教学为例说明APOS理论在化学概念教学中的应用。

由于"同系物"的概念在二期课改的中学教科书中作过若干次修订,对于"同系物"概念的理解也存在着一定的争议,而这些争议主要围绕着同分异构体是否是同系物等问题展开,很少有人探讨造成同系物概念存在争议的原因。

我们首先对有机化学中为什么要建立"同系物"概念进行了分析,认识到由于有机物结构复杂,种类繁多,必须进行分类,才有利于研究和学习。由于结构决定性质,所以依据有机物结构进行分类是最合理的做法。与元素周期律中将元素原子结构中最外层电子数相同的元素作为一族类似,有机化学将结构相似的有机物作为同系物。由此可见,有机化学建立"同系物"概念是为了对有机物进行合理分类,而分类的依据是有机物的结构特征。

理解了"同系物"概念的内涵及其蕴含的化学学科思想,我们认为"同系物"概念的形成过程蕴含着有机化学的研究方法。对于刚开始接触有机化学的学生而言,若能在概念的形成过程中习得学科方法,则不仅可以深化对概念的理解,也可以认识到概念的工具化功能。

从本体性知识和学生认知心理两个方面分析梳理之后,我们运用 APOS 理论设计了教学过程。

1. 操作(活动)阶段

教师设计一系列使内隐的概念外显的活动,使学习者体验概念。

活动Ⅰ 目标:使学生认识原子结构决定原子之间的成键数和成键方式。

(1) 观察模型,黑球代表碳原子,白球代表氢原子,短棍代表共价键。运用已有化学键理论解释碳原子的四价键特点:不仅可以和其他原子成键,碳原子彼此之间也可以形成共价键。

(2) 构建甲烷分子模型,观察二氧化碳分子模型。复习已有知识,了解碳原子的成键方式,可以是单键,也可以是双键或三键。

探究Ⅰ 目标:感受有机物结构的多样性。

(3) 当碳原子数达到两个或者三个时,碳原子可以如何成键,如何排列,可以结合多少个氢原子?要求学生通过搭模型来解决这些问题。在该活动中,学生搭出了9种不同的模型,有链状和环状,有单键,也有双键和三键,教师举着学生搭出的模型,将其碳链结构写在黑板上,并给每一个结构进行编号。在此过程中,学生深深体会到了有机物结构的多样性。

活动Ⅱ 目标:启发学生感受寻找有机物规律的必要性。

(4) 提问:2或3个碳原子结合若干氢原子就能够形成如此多的物质,如果碳原子数再增加,形成的有机物会更多。这么多有机物如何认识呢?能不能找到规律?

学生面对各种分子模型,提出可以按结构进行分类。

2. 过程阶段

过程阶段的实质是学生对"活动"阶段的思考,然后经历思维的内化、压缩过程,在头脑中对活动进行描述和反思,并形成从事活动的程序和步骤,抽象出概念的特有性质。这个阶段是"同系物"概念形成的初步阶段。

探究Ⅱ　目标:探索有机物的分类角度及其对分类结果的影响。

(1) 如何将 9 种有机物分类?

学生1:根据是条状(链状)还是环状进行分类,可以分为 2 大类。该学生同时将 9 种物质归类。

学生2:根据成键方式进行分类,只有单键的是一类,有双键的是一类,三键的是一类。该学生也将 9 种物质归类。

(2) 仅仅按照一种分类角度进行分类,同类物质的性质相似度大吗? 性质差异明显不明显? 怎样分类可以使同类物质性质更加接近,没有本质差异? 回想学习元素周期律时,元素是如何分类的。

通过讨论,学生认识到只用一种分类角度不足以揭示有机物结构的相似程度,应该把不同的分类角度组合起来,形成一个框架。

结论:首先按照碳链的结构是链状还是环状进行分类,在每一类中再按照碳原子的成键方式(单键、双键或三键)分类,在此类目之下,按照分子中双键、三键的数目再分……这样分类后,所形成的同一类物质结构是相似的,由此推断,其化学性质一定也相似。

活动Ⅲ　目标:初步探究同系物的概念。

(3) 属于同类的物质,在哪些方面相同? 碳链结构相同、碳原子成键方式相同、含有的双键或三键(如果分子中有)数目相同。这些因素,都是有机物的结构特征,当这些结构特征一致时,有机物的结构就是相似的。

提出概念:化学上把结构相似,组成上相差若干个 CH_2 原子团的一系列有机物叫同系物。而符合这一特征的甲烷、乙烷、丙烷属于同系物,这类同系物叫烷烃。同样,乙烯和丙烯、乙炔和丙炔也是同系物关系。

3. 对象阶段

学生通过前一阶段的抽象,认识到了"同系物"概念的本质,赋予其形式化的定义,使其达到精确化,成为一个具体的对象,在后继学习中能以此对象进行新的活动。

活动Ⅳ　目标:细化同系物概念。

(1) 甲烷、乙烷、丙烷的分子组成有什么不同?当烷烃中碳原子数为 n 时,氢原子为多少?写出分子式。这个分子式即烷烃同系物的通式。

活动Ⅴ　目标:运用同系物概念进行辨析。

(2) 4 个碳原子、10 个氢原子形成的分子是烷烃的同系物吗?

(3) 指出下列三组物质是否是同系物:丙烷和正丁烷、正丁烷和异丁烷、丙烷和异丁烷。

在同系物概念定义中,如果没有对同系物概念的形成过程的认识,很容易对"结构相似"的含义产生困惑,那就会无法判断丙烷和异丁烷是否是同系物。由于本课教学过程揭示了概念的形成过程:从碳原子排列方式、碳原子成键方式、所含特殊结构的数目这些特征结构进行分类,所以学生很自然地运用这种分类体系进行判断,得出正确的结论。

4. 图式阶段

图式是认知心理学的一个概念,即认知结构或认知框架。是由活动、过程、对象三者组成的一个集合体。图式的形成是学生概念学习的最终状态,它可以用于解决与这个概念有关的一切问题。

活动Ⅵ　目标:认识同系物部分物理性质的递变性和化学性质的相似性。

(1) 分析教材表格数据,解释为什么烷烃分子随碳原子数增多,熔沸点趋于升高。

(2) 根据甲烷的性质,判断烷烃同系物可能发生的反应。写出乙烷与氯气发生取代反应的化学方程式。

(3) 通过学习同系物和烷烃,能否感悟有机化学的学习方法?

通过讨论交流,学生总结出有机物的学习方式:先根据特征结构分类,再根据同系物学习典型物质,以点带线。

结语:

上述案例是运用 APOS 理论指导化学概念教学的一次粗浅尝试。回顾整个教学过程,最深的感受有三点。

第一,能深刻准确地进行化学概念教学的前提是教师必须对概念的本质内涵有深刻理解,没有深厚的学科功底,教学技能无法真正发挥作用。

第二，教师必须对学生学习该内容时的认知心理有比较清晰的了解，能把学科逻辑与学生认知逻辑进行合理的整合。

第三，对杜宾斯基的"概念学习四阶段"要辩证地加以理解。首先，A—P—O—S的四个阶段不是截然分开的，有些阶段之间有交错。其次，每个阶段的教学活动都应有所侧重：活动阶段侧重多元表征、体验感悟；过程阶段侧重问题驱动、抽象概括；对象阶段侧重总结提炼、实时辨析；图式阶段侧重变式建构、多元联系。

当教师具备以上能力或认识到需要具备以上能力并为之努力时，APOS理论就为教师实现上述教学效果提供了一条行之有效的路径。

（张国华）

2 指向核心素养培育的初中科学"三环节"教学实践研究

"学生发展核心素养"主要是指学生应具备的,能够适应终身发展和社会发展需要的必备品格和关键能力,是关于学生知识、能力、态度等方面的综合表现,是每一名学生获得成功生活、适应个人终身发展和社会发展都需要的、不可或缺的共同素养。"中国学生发展核心素养"分为文化基础、自主发展、社会参与三个方面,综合表现为人文底蕴、科学精神、学会学习、健康生活、责任担当、实践创新六大素养(见图1)。学生发展核心素养在初中科学学科表现为科学素养,包括科学知识、科学能力和科学价值取向三个方面(详见图2)。

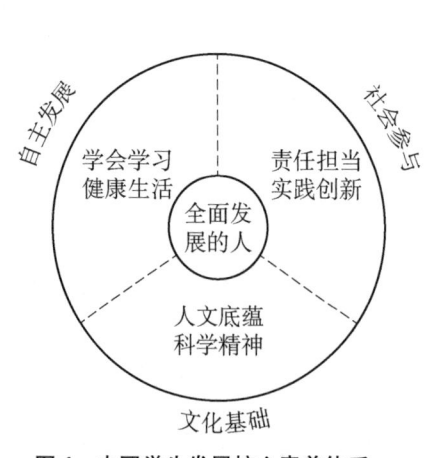

图1 中国学生发展核心素养体系

图2 初中科学学科核心素养

在初中科学教学中,我们以核心素养培育为导向,基于课程标准,进行教与学的实践与研究。

一、指向核心素养培育的初中科学"三环节"教学模式

初中科学课堂教学过程往往通过较多的师生、生生间的讨论展开,教师要设计问题情境,学生要提出问题假设,通过做计划、获取与描述证据、使用证据等进行问题的解决。这些都离不开教学目标的定位,并开展与此相关的教学活动和目标达成的评价。我们将这一过程分为三个环节,即目标本位的教学设计、目标达成的教学评价、对话教学的课堂实施,三个环节的教学流程和重点关系可用图3加以说明。

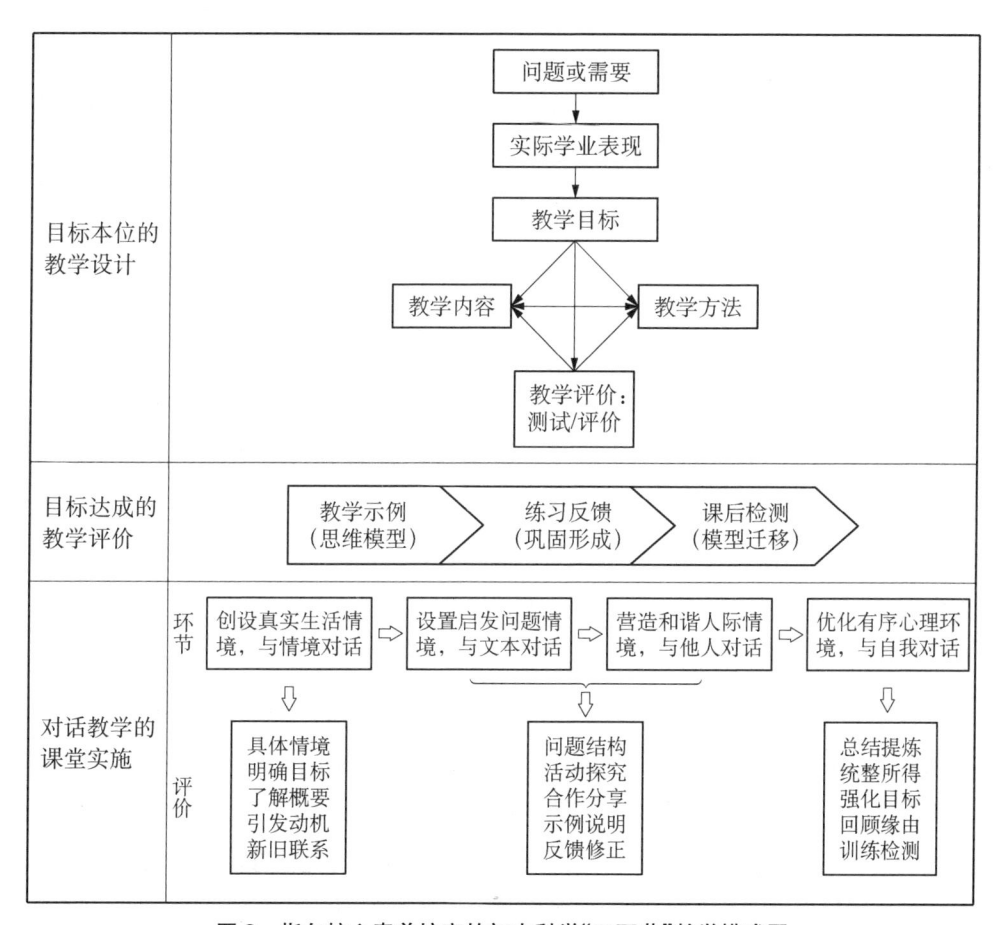

目标本位的教学设计	问题或需要 → 实际学业表现 → 教学目标 → 教学内容 ↔ 教学方法 → 教学评价:测试/评价
目标达成的教学评价	教学示例(思维模型) → 练习反馈(巩固形成) → 课后检测(模型迁移)
对话教学的课堂实施	环节:创设真实生活情境,与情境对话 / 设置启发问题情境,与文本对话 / 营造和谐人际情境,与他人对话 / 优化有序心理环境,与自我对话 评价:具体情境、明确目标、了解概要、引发动机、新旧联系 / 问题结构、活动探究、合作分享、示例说明、反馈修正 / 总结提炼、统整所得、强化目标、回顾缘由、训练检测

图3 指向核心素养培育的初中科学"三环节"教学模式图

在指向核心素养培育的初中科学"三环节"教学模式中,完整的教学程序包括目标本位的教学设计、目标达成的教学评价及对话教学的课堂实施三个环节。

1. 目标本位的教学设计

目标本位的教学设计环节中,目标指向学生的未来发展,围绕目标统合课程、单元和课时,让教师和学生头脑中始终有整体的课程观,师生始终知道自己要去哪里,并且知道自己现在在哪里。这样,就能使教学既做到"远视",又不局限于单独的课时。它强调目标本位,基于学生发展的核心素养,指向学生的高级能力。

因此,在确定教学目标之前需要了解现实生活中需要解决什么问题,学习后学习者应该能解决实际面临的问题。有了这两块先行思考的内容,就保障了教学目标指向学生的高级能力。所以,在教学目标之前增加了"问题或需要"、"实际学业表现",这里的问题和表现都是面向真实生活世界的。接着,基于课程标准,制订教学目标。随之,确定这些目标得到对应的教学评价(包括课堂及课后)。围绕目标与评价进一步思考学生需要哪些学习经验才能实现这些目标以及怎样才能有效地选择学习经验,这就需要进行教学内容的统合与教学方法的选择。

2. 目标达成的教学评价

目标达成的教学评价环节在教学中起关键作用。检测的作用在于帮助学生了解学习活动的目的以及判断他们达到目标的程度,以便指导他们更有效地学习。这里的检测不能局限于容易被测试的内容,需要使用许多不同的方法来收集和解释有关学习的实证,以便能够显示学生在设置的全面教学目标上已达到的水平。

目标达成的教学评价环节伴随教学的全过程,既包括教学推进过程中剖析教学示例的每一个问题、练习与反馈,也包括课后的检测部分。它非常重视问题和练习,问题是学习者指向的内容,即以学习者的需求为导向,筛选、聚焦和整合学习内容。练习则能牵引学生的思路走向学习内容。同时,课堂教学中对教学重点的教学示例说明是非常关键的。示例能把原理和例子结合起来,让学生通过回忆有一个初步的印象,起到思维模型的作用,再通过后面的练习反馈加以巩固。针对此处的反馈我们需要考虑,是否预留了足够的时间?反馈有即时性和延时性两种,是否根据具体情况用好了这两种反馈?课后检测则要在整体性、复杂度和现实性上都超越教学过程中的练习,为知识迁移做好充分的准备。

3. 对话教学的课堂实施

对话教学的课堂实施环节关注学生在真实的情境中,通过与文本、他人以及自我的对话,将"抽象知识"转向"具体情境",由"知识中心"转向"素养中心",随之由"教师中心"转向"学生中心",从而系统有效地形成学生的科学学科素养,实现学生的真正发展。

对话教学整体关注学生发展核心素养,把学生作为主体建构学习。它以建构主义认识论为出发点和立论基础,通过建构主义理论、情境学习理论、教学交往理论的不断发展和逐步整合而形成,主张在基于课程标准的课堂教学中,学习来源于学生身边真实的社会与生活,学习的知识分别蕴含在问题情境与活动开展的过程之中。通过学生与学生、学生与教师、学生与文本、学生与情境以及自我对话的多层次对话,实现学生、教师、文本三要素的深层沟通,实现对话者之间视界的融合。最后,通过自我反思将知识纳入自己的认知结构中,成为自己解决问题的依据与宝贵经验,帮助学生建构对于世界的理解与自我的身份,实现学生作为人的发展。

4. "三环节"教学实现的条件

在对话教学中,教师不再是知识的拥有者和转述者,不再是教材内容的传递者,而是与学生进行平等对话的对话者和对话情境的创设者。学生则真正成为学习的主人。在与外界环境、与他人、与自我的对话中,学生不仅能够自主建构知识的意义,而且能够实现自我身份的建构。"三环节"教学实现的条件具体见表1。

表1 初中科学"三环节"教学实现的条件

主体	角色	表现
教师	对话者和情境创设者	√ 为促进学生与科学情境的对话,提供丰富的学习资源,提供进行探索性学习活动的方法、途径和手段等; √ 为促进学生与他人对话,创设和谐的教学氛围,构建学习共同体,并作为平等的一员参与师生互动与对话; √ 为促进学生与文本对话,创设问题情境,提供概念支架。
学生	知识意义和个人身份的双重建构者	√ 了解他人,更好地了解自我,找到自己与别人的差距或差异,形成自主性、独立性和创造性,建构自己的身份; √ 与他人对话,明白同一问题每个人可以有不同的解释,有利于克服自我中心的思维倾向; √ 相互质疑,指出对方的逻辑矛盾,更好地引发自身的认知冲突,促进自我反思,深化各自的认识; √ 不同观点碰撞与融合,对自己建构的假说有更深层的理解。

二、初中科学"三环节"教学实践研究

我们以《食物的消化》(初一科学)一课为例,来说明这一教学模式在教学实践中的具体应用。本节课是牛津上海版《科学》教材七年级第一学期《健康的身体》中"运动、休息与健康"、"营养与健康"、"平衡与健康"中的"营养与健康"部分的内容。

1. 初中科学"三环节"教学实践案例

(1) 目标本位的教学设计

表 2 《食物的消化》目标本位的教学设计

目标制订的依据	问题与学业表现	初一学生正处于生长发育的关键时期,对于能量和营养的需求都十分旺盛。但学生在现实生活中往往由于各种原因,产生偏食现象,甚至出现不吃早餐或者晚餐的情况,这对于发育中的学生来说是非常不利的。因此,"食物的消化"一课的学习,可以帮助学生科学认识健康、营养与机体的关系,在了解营养物质及其作用、消化系统的基础上,进一步学习"食物的消化"这一宏观可见的各种食物到微观不可见的各种小分子物质的过程。通过各种已经习得的知识、技能,将问题逐层分解,使学生体验并认识到食物中各种营养成分的消化过程,从而养成健康的饮食习惯,关注消化系统健康,成为健康生活的人。		
教学目标	维度	具体表现	检测评价标准	
			课堂	课后
	知识与技能	通过对淀粉的消化的实验探究,知道淀粉在口腔中消化成糖,知道唾液中含有消化酶。	会说出 会探究	会写出 会应用
	过程与方法	通过观看视频,比较蛋白质、脂肪、淀粉的消化,知道食物中各类营养物质在人体内消化的基本过程。	会说出	会比较
	情感态度与价值观	通过在实际生活中运用消化的有关知识,养成健康的饮食习惯,关注消化系统健康。	会说出 会评价	会应用 会关注
教学重点	知道淀粉在口腔中的消化过程,知道食物中各营养物质在人体内消化的基本过程			
教学难点	初步学会科学探究中做计划的基本方法并乐于进行科学探究			
教学方法	实验探究、小组合作			
教学用具	试剂:淀粉溶液、班氏试剂、蒸馏水 仪器:护目镜、试管、酒精灯、试管夹、试管架、烧杯、水浴箱 其他:(牛津上海版)七年级第一学期《科学》教材、多媒体课件、学习单			

(2) 目标达成的教学评价

根据检测评价标准,除课堂教学中的评价部分外(详见课堂教学部分),课后也有相应检测内容,逐一统计学生答题情况,评价目标达成度。

① 人体所需的营养主要来自我们的饮食,通过人体的_____(系统)进行消化。

② 图 4 中的三条曲线分别表示蛋白质、脂肪、淀粉在人体消化道内变化的情况。由图可知食物消化的主要场所是_____。

其中曲线_____(填"甲""乙"或"丙")表示的是淀粉在消化道内的消化情况。理由是_____。

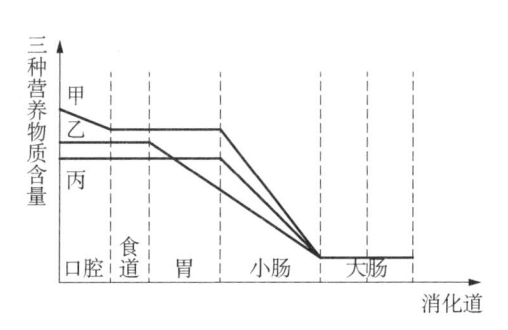

图 4　营养物质在消化道内的消化

③ 想一想:食物中的营养物质是在消化道内被消化的,而身体内大多数的细胞并不能直接与食物接触,这些细胞如何获取营养物质?_____ _____。

(3) 对话教学的课堂实施

表 3　《食物的消化》对话教学的课堂实施

教学环节	学习活动	评价	学科核心素养
创设真实生活情境 情境对话	生活情境:小丁今天的早餐是牛奶、面包、牛排。 形成问题:小丁的早餐含哪些主要营养成分?其中的三大类主要营养成分如何被分解成更细小的物质?	会说出主要营养成分	能够根据已有知识,看清生活情境中的问题
设置启发问题情境 文本对话	核心问题:如何证明这些营养成分被消化了? 核心问题:这些营养成分在哪些场所被消化成哪些物质?	会说出用检验葡萄糖的方法来证明淀粉在口腔中消化成糖	能够预测结果,把握规律

(续表)

教学环节	学习活动	评价	学科核心素养
营造和谐人际情境 他人对话	小组探究：通过葡萄糖的检验来判断淀粉的消化情况。 观看视频：脂肪、蛋白质消化，推断其消化情况。 归纳小结：消化是营养物在消化酶的作用下，最终被消化成葡萄糖、氨基酸、甘油和脂肪酸这些小分子物质。	会比较蛋白质、脂肪、淀粉消化的场所和产物	能够利用逻辑的、实事求是的方法手段进行思考，根据推理判断预测的结论是否正确，进行表述时能够考虑到议论的论证手法
优化有序心理环境 自我对话	系统整理：食物是如何消化的。 情境应用：小明经常不吃早餐，这种做法科学吗？如果不科学，应该如何做？	会说出蛋白质、脂肪、淀粉在人体内消化的基本过程 会应用所学解释相关问题 会关注健康生活的饮食习惯	对不同状况的重现性和妥善性进行说明；建立关系，多角度观察；把握主旨与主张，把握现象间的关联性

2. 初中科学"三环节"教学实践案例评析

本案例的"三环节"教学模式中的三个环节是在聚焦学生发展、教学要素两个维度的基础上，按照教学的时空的维度建构的。

课前，从教学要素的维度分析，教师对教学目标的制订基于课程标准，从学生在实际生活中遇到的"初一学生正处于生长发育的关键时期，对于能量和营养的旺盛需求与偏食甚至是不吃早、晚餐的现实"问题入手，考虑通过学习"食物的消化"帮助学生养成健康生活的习惯，从知识与技能、过程与方法、情感态度与价值观等三个方面进行，并同步制订了目标达成的检测评价标准。

对教学过程的设计以教学内容情境化的设置、教学活动逻辑化的设计和过程推进问题化的设计的方式展开。从学生发展的维度分析，教师以科学探究、比较、运用知识的方法引导学生在解决问题的过程中，全情参与，基于科学决策，养成健康生活的习惯。

课中，教学实施将教学过程各步骤层层推进，有序落实。值得注意的是，教学过程中，要保证每一环节学生都有足够的时间思考，实现与情境、文本、他人以及自我的有效对话。在情境、问题、活动、互动及梳理过程中系统地想、规范地做、严谨地讲,达成做、想、讲的一致,在问题解决的过程中实现知识与技能、过程与方法以及情感态度与价值观的三维落实。

课后,学业成果的检测与课中教师给出的教学示例、提供的练习反馈以及设计好的评价内容共同使用,使评价基于目标达成的要求,从单点结构的知识,多点结构的识图、读图,找寻证据、获得结论的能力,到引发学生进一步思考的三类问题,达成会写、会比较、会应用的检测评价标准。

由此可见,本案例从课前设计、课中实施到课后检测,基于"目标—教学—评价"一致性的教学要素维度,让学生结合生活情境,运用科学探究找寻证据,解决"淀粉的消化""脂肪、蛋白质的消化"等问题。通过情境化、问题化、活动化等多元聚合,通过板书逻辑表达出食物的消化就是食物中主要营养物质中大分子物质通过消化系统的消化作用,分解为小分子物质的过程,增进学生合理制订计划并实施计划、学会学习的能力,培养其基于证据下结论的科学精神,形成有科学依据的健康生活习惯,促进学生全面发展。

三、结语

指向核心素养培育的初中科学"三环节"教学模式关注整体系统设计,聚焦学生发展、教学要素两个维度,按照教学的时空维度,引领学生进行主动学习与建构。

现实生活中的情境与问题将学生的学习置于知识产生的真实情境中,具有整体意义的"问题群"将作为该问题解决运作的轴心,成为师生关系的中介和对话体系的桥梁。学生的学习将经历类似专家解决问题的探索过程,这将促使学生主动探索,师生间、生生间形成良好的相互接纳、相互理解的合作、民主、平等的双向沟通与互动,利用原有认知结构中有关知识经验去同化新知识,学会倾听与理解别人的意见,学会表达、说服他人的方法,学会吸收对方的观点,克服个人认识上的偏差,自我修正,自我完善,并赋予新知识以新的意义。同时,还会帮助学习者形成对知识和技能的不同理解,促进学习者创新能力的发展以及正确的价值取向的形成,从而使学习适应不同的问题情境,在实际生活中有更为广泛的迁移。

(李秀滋)

3 "三阶段"主题探究活动模式在初中研究课教学中的实践

探究式教学是对讲授法的有益补充,探究法与讲授法二者结合,相辅相成,能够有效地提高教学效果。研究型课程是使用探究法开展教学的,但是在实际的教学中,如何开展研究主题教学是很多老师感到困惑的地方,如果能针对探究式教学归纳出一个简便易行的教学模式,指导教师在主题研究活动中实践运用,就能够化繁为简,提升教学效益。

一、"三阶段"主题探究活动教学模式产生的背景

"三阶段"主题探究活动教学模式并不是凭空产生的,它综合了《上海市中小学研究型课程指南》中对主题研究"实施过程"的界定,上海市教委教研室对主题探究活动的项目管理模式以及我区推广的"三维多元聚合"教学范式而诞生,并且经过了教学实践的检验与完善。

(一)《研究型课程指南》中对研究实施过程的说明

研究型课程的课堂教学究竟该怎样开展?《上海市中小学研究型课程指南》中的"实施部分"明确提出:研究课题的实施过程包括引入问题情境、发现和提出问题、探究和实践、表达和交流、反思和深化。事实上,这是一个研究主题的开展过程,在教学实践中,一个研究主题大约需要3—6个课时才能完成。这些课时的教学内容大致可以分为三部分:第一部分引入问题情境、发现和提出问题,这是研究问题产生阶段;第二部分探究和实践,这是研究活动的深入与开展;第三部分表达和交流、反思和深化,这是研究成果的展示与评价阶段。由此可见,"三阶段"主题探究活动教学模式的雏形,即准备——实施——结尾。

虽然《课程指南》中有明确的研究过程,但是《课程指南》又提出,"研究型课程的实施方法是丰富多样的,包括在活动中进行研究,在物品制作中进行研究,在社会实践中进行研究,在产品设计中进行研究"等。这些灵活多样的实施方式,使一些教师抓不住重点,无从下手,主题研究的教学陷入僵局,而"三阶段"主题探究活动教学模式抓住中心,化繁为简,在众多研究方式中显得尤为重要。

(二)上海市教委教研室提出的PMP项目主题管理模式

围绕一个项目的展开,PMP项目管理包括五个阶段:

启动:确立一个项目或一个项目阶段。

规划:为完成项目,制订一个可操作的计划。

执行:协调人力和其他资源以执行计划。

监控:通过监控和进度测量及必要时采取纠正措施以确保项目目标的实现。

收尾:正式验收项目或项目阶段并使其有条不紊地圆满结束。

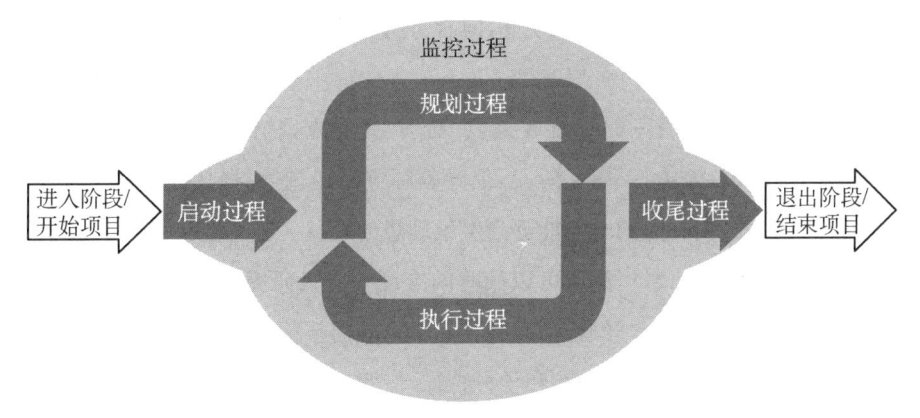

项目过程示意图

研究型课程的主题探究活动既可以在物品制作中完成,也可以在社会实践或者产品设计中进行,这些研究活动的开展过程都与"项目"类似,"研究活动开始前"需要教师创设问题情境,激发学生提出问题;"研究活动开始后"需要学生收集信息,动手实践,开展研究;"研究活动结束时"需要学生完成研究成果,展示交流。

鉴于此,上海市教委教研室借鉴PMP项目管理的模式提出了"研究课程的项目过程",将主题探究活动的整个过程划分为三个阶段:"启动与规划"作为研究主题项目的

"准备"阶段,执行和收尾阶段不变,监控和评价贯穿研究主题实施的全过程,保证各个阶段的正常进行。"研究课程的项目过程"参照项目进展的时间顺序划分阶段,管理模式简单明了,有利于师生明确自己的研究活动所处的阶段及其主要目标,方便了师生对主题探究活动的理解与实施。

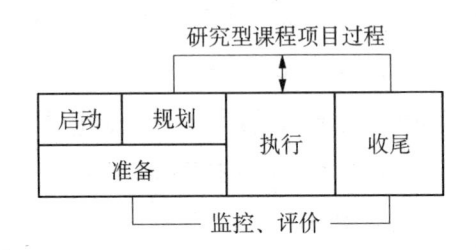

```
        研究型课程项目过程
    ┌─────┬─────┬─────┬─────┐
    │ 启动 │ 规划 │ 执行 │ 收尾 │
    ├─────┴─────┤     │     │
    │   准备    │     │     │
    └───────────┴─────┴─────┘
            监控、评价
```

(三)"三维多元聚合"的教学范式

2016年起,我区市级重点课题"基于课程标准教学的区域型转化与指导策略研究"创生了"三维多元聚合"的课堂教学范式,包括学生发展、教学要素、教学时空三个维度。以"主题、课标、活动"作为三个维度的原点,并将诸多相关元素分别置于不同的维度,遵循教育教学规律、学生成长规律,向着不同的方向延伸,构成了一个立体形态、动态发展的同心圆球。[①]

"三维多元聚合"的教学时空维度是以"活动"为原点,从课堂教学的时间角度出发,将其划分为课前、课中、课后三阶段,倡导教师遵循递进性、最优化等教学原则,增强课堂教学的实效,使有限的时空能够产生最理想的效益。研究型课程的主题探究活动本身就是一种活动形式,当然也可以按时间维度划分为研究前、研究过程中和研究后,课内与课外研究相结合,开放、动态地培养学生的创新精神与实践能力。

综合研究型课程的《课程指南》和学科特征,借鉴PMP主题活动管理模式和"三维多元聚合"的教学范式,我区中心组经过认真研究,归纳出"三阶段八步骤"、教学与评价相结合、课内与课外相互补充、知识与能力同发展的主题探究活动教学模式。

二、"三阶段"主题探究活动教学模式解读

"三阶段"主题探究活动教学模式包括至关重要的"准备阶段",主要任务是发现问

[①] 李文萱著. 从标准到课堂——基于课程标准化教学的区域性转化与指导策略研究[M]. 上海:上海教育出版社,2017:141—142.

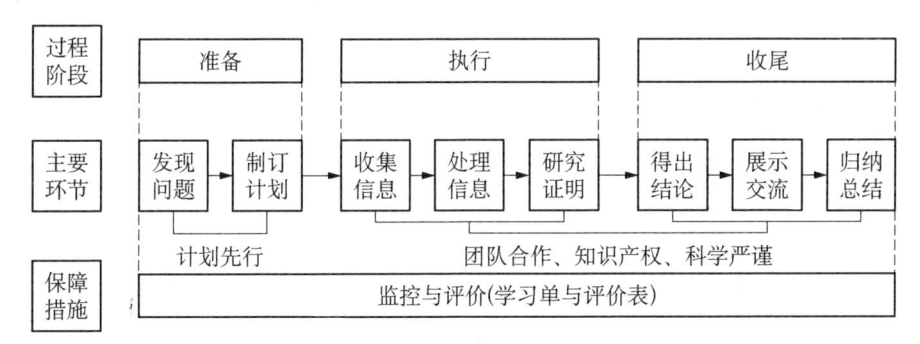

```
过程阶段:    准备            执行                    收尾
主要环节:  发现问题→制订计划  收集信息→处理信息→研究证明   得出结论→展示交流→归纳总结
           计划先行          团队合作、知识产权、科学严谨
保障措施:              监控与评价(学习单与评价表)
```

初中研究课中"三阶段"主题探究活动示意图

题、制订计划,其规则意识是培养学生"计划先行";动手研究的"执行阶段",主要任务是收集信息、处理信息、研究证明,其规则意识是"团队合作";展示交流的"收尾阶段",主要任务是得出结论、展示交流、归纳总结,其主要规则意识是"知识产权和科学严谨"。

（一）至关重要的"准备阶段"

主题探究活动的第一个阶段是准备阶段,研究如带兵打仗,不能匆忙应对。准备阶段的核心关键词是"问题",问题是主题研究活动的起点,也是主题研究活动的核心,问题的质量直接影响到研究的价值,因此培养学生的问题能力在这个阶段至关重要。找到恰当的问题之后,制订详细的研究计划也是本阶段的重点内容。

1. 准备阶段的内涵

准备阶段具体任务包括教师带领学生发现问题,并且制定研究计划。发现问题的方式多种多样,教师可以通过创设问题情境,鼓励学生发现问题;也可以收集基础型课程课堂教学中的生成性问题,转化为研究课题;或者带领学生参观访问,组织开展社会实践活动,让学生在实践中寻找问题。

为了帮助学生发现有价值的问题,教师要带领学生补充背景知识,激活学生原有的知识储备,诱发学生的研究动机;为了鼓励学生发现问题,教师可以指导学生学习观察的方法、提出问题的方法等。

提出问题之后,学生要在教师的指导下成立研究小组,提出解决问题的设想,形成研究计划。研究计划包括本小组的课题名称、成员构成、成员分工、研究方法、课题研究的时间规划、具体步骤等,本阶段要落实的研究型课程核心目标包括发现问题的能力和计划先行的规则意识。

本阶段的活动通常在课堂教学中进行,可以是教师结合学校的主题活动提出一个大的课题,由各个小组结合本组的兴趣爱好细化成为小课题;也可以是学生小组根据教师要求,自己选择课题开展研究。

2. 准备阶段的特征与培养的规则意识

准备阶段是在课堂教学中进行的,与基础型课程相比,准备阶段的课堂教学具有开放性、生成性、计划性。开放性是指主题研究活动所要研究的问题可以是学习、生活中的任何问题,具体由师生来确定;生成性是指在教学过程中,由于学生思维活跃、开放,可能会发现教师意想不到的更有价值的研究问题;计划性是研究型课程重点培养的规则意识之一,"无计划,不研究",有了明确的研究题目之后,采用什么方法开展研究?研究步骤包括哪些?研究小组中的每个成员如何分工?这些都是正式开展研究实践之前需要认真思考计划的内容。

准备阶段要培养的规则意识是"计划先行",要求学生先制订研究计划再开展研究。学生小组制订研究计划之后,教师可以采用小组展示的方式,让每个小组展示自己的研究计划,组间评价后提出修改完善的建议;同时,教师对各个小组的研究计划进行点评,要求各小组进一步完善自己的研究计划,准备充分之后才能开始研究。"研究计划的展示与评价"也体现了"监控与评价"贯穿主题研究活动全过程的理念。

(二)动手研究的"执行阶段"

"三阶段"的第二阶段是研究的执行阶段,这个阶段可以利用课外时间进行,主要任务包括收集信息、处理信息、研究证明等,"信息能力"是这个阶段的关键词。

1. 执行阶段的内涵

"信息"包括直接采集的一手信息和借鉴文献的二手信息,通过调查、访谈、实验获得的数据,这些称为一手信息;通过文献阅读获得的信息称为二手信息。在主题研究的过程中,无论是"一手信息"还是"二手信息"都不能够直接应用到自己的研究成果中,要通过认真阅读理解消化信息,并用规范的方式注释出来。

"执行阶段"收集信息的方法有很多,初中生常用的方法包括文献法、调查法、实验法三种。不同的课题有不同的研究方法,不同的研究方法适合不同的课题,同时不同的研究方法也能够综合运用。在三阶段的应用实践中,我们倡导把"文献法"应用于各类主题研究之中。例如,学生在开展调查之前,先使用调查问卷的关键词进行搜索,阅读借鉴他人的调查问卷和访谈提纲之后再开展调查;在实验之前,利用文献法搜索他人的实验设计,了解自己的实验设计的不足,并进行完善。"文献法"能够在正式的研究实践之前,丰富学生对研究问题的认识。

值得注意的是,初中生的研究理念是"学着做",学生在研究过程中离不开教师的引导。因此,在研究的执行阶段,教师要关注学生研究方法的恰当选择和正确运用。例如,在运用调查研究方法之前,教师要提供学生研究方法的相关知识,供学生自学;初中阶段,学生已经开始学习信息技术课程,学习了 Excel 数据处理的基本方法,能够对数据进行简单的统计,但是如何解读统计结果还是需要教师进行指导。

为了督促学生按照研究计划开展研究实践,教师可以制定《研究进程单》,定期要求学生提交《研究进程单》,对研究实践中产生的问题及时给予指导。

2. 执行阶段的特征与培养的规则意识

执行阶段的特征是实践性与创新性,研究型课程创设的初衷就是为了培养学生的创新精神和实践能力,相对于将更多时间花在课堂学习文化知识的基础型课程而言,研究型课程有机会让学生走出课堂动手实践、自主创造,为知识的应用提供机会。

本阶段研究型课程重点培养的规则意识是"团队合作"。"团队合作"是现代科研发展的一个客观要求,在当代,大部分重要的科学研究成果都是团队合作的结晶,因为科研的竞争性加强之后,研究者需要利用团队的力量,在最短的时间内完成研究;同时,科研的主题越来越复杂,任何个人都难以掌握所有的相关领域的知识;第三,科研对创新性的要求越来越高,团队工作能够提升成果的创造性。

在具体实施过程中,教师要思考如何组建团队,我们倡导不同风格的学生组建团队,实现高品质的研究体验。此外,"团队"的规则性还体现在它需要对先前制定的研究计划加以支持,在具体的活动中,团队成员必须做到两点:明确和履行个人在团队中的责任,定位自己的角色。团队合作是一个需要在研究实践中不断体验和总结的过程,每个学生需要在团队的合作过程中不断反思、协调,才能够明确自己的学习风格,准确定位自己在团队中的角色。[1]

（三）展示交流的收尾阶段

"三阶段"的第三阶段是收尾阶段,主题研究活动已经接近尾声,学生按照研究计划开展了研究实践,因此本阶段要求学生以研究成果的形式汇报自己的研究。

---

[1] 杨帆,贺利林.研究型课程中的规则意识探讨[J].上海课程教学研究,2017,(第 C1 期):154—155.

1. 收尾阶段的内涵

收尾阶段的具体任务包括学生小组将经过实践的收获进行总结，形成研究成果。研究成果的形式丰富多样，可以是研究报告，也可以是设计产品或者剧本表演。教师在课堂教学中组织学生小组进行研究成果的展示交流，学生可以用自己喜爱的方式来展示他们的研究成果，表达研究体会。同时，教师组织学生小组自评和互评，对课题研究进行归纳总结，鼓励各小组反思其研究的优点与不足，进行进一步的完善与修改。在具体的教学实践中，我们倡导展示交流阶段要体现团队中每个成员的贡献，这也是团队合作规则意识培养的一种督促。在展示小组研究成果时，要求列出每个组员完成的具体任务，同时每个组员都参与展示活动，有自己分工负责的内容。

2. 收尾阶段的特征与培养的规则意识

收尾阶段的特征是参与性与展示性。研究已经进入收尾阶段，研究成果的完成需要每个组员的参与，研究成果的展示也需要组员的共同合作。在研究的过程中，小组内部建立了友谊，形成了默契，体现在展示交流中就是每个组员都了解本组的研究成果，都能够讲解宣传本组的研究成果，都为自己的研究而骄傲。

收尾阶段重点培养的规则意识，包括知识产权意识和科学严谨。知识产权意识规范了研究活动的主题，是一个与研究内容本身紧密相关的规则。从表面上看，我们要求学生所有引用的文献都要注明出处、不能相互抄等等，而在实质上，知识产权意识让学生在已有的研究成果或共识的基础上，得到了更多更具有说服力的、更准确的发现，使研究的课堂真正成为创造性发生的场所。"科学严谨"保证了研究活动的质量，这是主题研究活动与一般课程最大的区别。要培养学生的科学严谨意识，首先要关注的是学生基于证据获得发现的习惯。现代社会科技迅速发展，某些科学领域教师自己可能都不甚明白。因此，在教学过程中应该坚持"混而不错"的原则，鼓励学生思考问题背后的原因，而不是简单给出答案；激发学生的兴趣，避免习得性错误，为学习者带来更好的研究体验。

三、"三阶段"教学模式在主题探究活动中的应用

"纸桥承重"是头脑奥林匹克（Odyssey of the mind，OM）的一个常规比赛项目，市二初级中学科技总指导杨老师执教该项目多年。据杨老师反映，"纸桥承重"比赛项目要求非常详细，学生参与兴趣很高，但是往往对项目的要求理解不足，在主题探究过程中急于动手操作，项目成果缺乏创意。学习了"三阶段主题探究活动教学模式"之后，

杨老师尝试将"纸桥承重"这个主题探究活动划分为"三个阶段",结合以往的教学经验,明确每个阶段的任务、培养的核心能力以及规则意识,利用"学习单""评价单"规范学生各个阶段的探究活动。

第一阶段项目准备期,杨老师利用20分钟的课堂时间讲解了项目的基本要求,并且提供阅读资料和以往参赛的视频,请学生小组聆听、阅读、观看之后,每位学生至少写出五条关键的比赛要求,组内相互交流、完善之后再组间交流,相互评价、补充,深化学生对"纸桥承重"比赛项目要求的理解;其次,老师给出详细的学习单,要求学生小组根据学习单,制订每个阶段的学习计划,做到每个阶段动手之前都有详细的研究计划,落实"计划先行"的理念。

"纸桥承重"项目团队探究学习单

团队成员:		组长:	
收集信息			
姓名	收集信息		
设计方案			
三种方案	设计基本原理	方案特征	
1 2 3			
开展实验			
拍摄视频	拍摄者	实验员	最大硬币承重数
展示交流分工			
讲解最佳方案	PPT播放	现场演示	

第二阶段动手实践的执行期,学习单上"收集信息"栏目要求组内每位成员都要收集信息,并且填写收集到的有用信息,这就避免了学生不阅读文献仅靠自己现有的经验就动手设计的弊端,促使学生先借鉴他人智慧,然后在此基础上思考创新,设计纸桥承重方案;"设计方案"栏目要求每组至少提供三种设计方案,保证了每位组员都能参

与设计工作,写出"设计基本原理"和"方案特征",是为了让学生不仅能够发觉搭建纸桥的有趣之处,而且能够了解背后的工程学知识;"开展实验"是主题探究的关键步骤,学生小组不仅要对每个设计方案进行实验验证,还要拍摄视频,这样能够让学生在反复回看中寻找实验成功或者失败的原因,进一步改进和完善实验方案设计。整个"学习单"通过细节处的任务分工体现出"团队合作"的规则意识,保证每位组员的参与和经历,既减少了高兴趣者的"独霸",又预防了低兴趣者的"冷淡"。

第三阶段展示交流的收尾期,经历了收集信息、动手实验之后,每个学生小组都完成了本组的主题探究活动,并且按照教师学习单的规定制定展示交流的PPT,进行了展示交流前的组内分工和演示工作,"知识产权意识和科学严谨"体现在学生小组制作的PPT中,包括参考资料注明出处,实验记录准确并有视频证明和现场演示。有些小组在参考资料的基础上进一步改进、创新实验方案,并骄傲地为本组的方案打上了"保护知识产权,禁止抄袭"的字样。教师为组间评价制定了详细的评价标准,鼓励小组之间相互学习、取长补短。

"纸桥承重"展示环节评价单(第____组)

A优秀　B良好　C一般　D需改进

	纸桥设计					交流展示			整体评价(A-D)
	桥墩设计(A-D)	桥面设计(A-D)	纸张裁剪(A-D)	创意特色(A-D)	承重效果(A-D)	小组合作(A-D)	演讲展示(A-D)	纸桥演示(A-D)	
第1组									
	纸桥设计					交流展示			整体评价(A-D)
	桥墩设计(A-D)	桥面设计(A-D)	纸张裁剪(A-D)	创意特色(A-D)	承重效果(A-D)	小组合作(A-D)	演讲展示(A-D)	纸桥演示(A-D)	
第2组									
	纸桥设计					交流展示			整体评价(A-D)
	桥墩设计(A-D)	桥面设计(A-D)	纸张裁剪(A-D)	创意特色(A-D)	承重效果(A-D)	小组合作(A-D)	演讲展示(A-D)	纸桥演示(A-D)	
第3组									

(续表)

	纸桥设计					交流展示			整体评价（A-D）
第4组	桥墩设计(A-D)	桥面设计(A-D)	纸张裁剪(A-D)	创意特色(A-D)	承重效果(A-D)	小组合作(A-D)	演讲展示(A-D)	纸桥演示(A-D)	
第5组	桥墩设计(A-D)	桥面设计(A-D)	纸张裁剪(A-D)	创意特色(A-D)	承重效果(A-D)	小组合作(A-D)	演讲展示(A-D)	纸桥演示(A-D)	整体评价（A-D）
第6组	桥墩设计(A-D)	桥面设计(A-D)	纸张裁剪(A-D)	创意特色(A-D)	承重效果(A-D)	小组合作(A-D)	演讲展示(A-D)	纸桥演示(A-D)	整体评价（A-D）
第7组	桥墩设计(A-D)	桥面设计(A-D)	纸张裁剪(A-D)	创意特色(A-D)	承重效果(A-D)	小组合作(A-D)	演讲展示(A-D)	纸桥演示(A-D)	整体评价（A-D）
修改									

		评价标准			
序号	项目	A	B	C	D
1	桥墩设计	能够设计3种或以上符合要求的桥墩方案，并通过实验选出承重能力较强的桥墩。	能够设计2种或以上符合要求的桥墩方案，并通过实验选出承重能力较强的桥墩。	能够设计1种符合要求的桥墩方案。	桥墩设计方案缺失，或设计的桥墩方案均不符合要求。
2	桥面设计	能够设计3种或以上符合要求的桥面方案，并通过实验选出承重能力较强的桥面。	能够设计2种或以上符合要求的桥面方案，并通过实验选出承重能力较强的桥面。	能够设计1种符合要求的桥面方案。	桥面设计方案缺失，或设计的桥面方案均不符合要求。

(续表)

序号	项目	评价标准			
		A	B	C	D
3	纸张裁剪	能充分利用纸张面积,桥墩和桥面的纸张分配合理。	能充分利用纸张面积,桥墩和桥面的纸张分配不够合理。	明显使用额外的纸张制作纸桥,或浪费纸张。	纸张设计方案缺失,纸张裁剪随意。
4	创意特色	有不同于其他小组的特色设计,并通过实验证明其有助于纸桥的承重能力。	有不同于其他小组的特色设计,且纸桥的承重能力理想(20枚以上硬币)。	有不同于其他小组的特色设计。	无创意特色。
5	承重效果	纸桥和硬币放置符合规则,能承重10枚硬币或以上。	纸桥和硬币放置符合规则,能承重7到9枚硬币。	纸桥和硬币放置符合规则,能承重4到6枚硬币。	纸桥和硬币放置符合规则,能承重1到3枚硬币。
6	小组合作	展示过程中体现小组合作,主动承担任务,相互配合、相互协作。	展示过程中体现小组合作,相互配合、相互协作。	展示过程中体现小组合作,但配合较为生疏。	展示过程中不能体现小组合作。
7	演讲展示	演示文稿清晰,会将研究的结果用图画、实物、语言、文字等形式进行流畅的表达和展示。	会将研究的结果用实物、语言、文字等形式进行流畅的表达和展示。	会将研究的结果用实物、语言、文字等形式进行表达和展示,但表达不够熟练。	不能对研究的结果进行表达和展示。
8	纸桥演示	桥墩间距大于20厘米,且两边对称。能将硬币叠放于桥面中心位置,并轻拿轻放。	桥墩间距大于20厘米,两边基本对称。硬币基本处于桥面中心位置。	桥墩间距不足20厘米,或硬币放置位置不正确。	桥墩间距不足20厘米,且硬币放置位置不正确。

除了"纸桥承重"项目之外,我区使用"三阶段"教学模式公开试教的学校还包括世外中学《音悦校园——Arduino软件在校园生活中的应用》,南洋初级中学《钟面设计》《优势小书制作》,位育初级中学《离心力在日常生活中的应用》等项目。教师普遍反映使用"三阶段"主题探究模式后,研究课的教学任务更加明晰,要培养的核心能力、规则意识也清晰明了,研究课教学对他们而言不再是什么难事了。

(张红梅)

4 小学探究型课程之"问卷调查设计"教学模式

探究型课程是上海市中小学课程的重要组成部分。它是以培养学生敢于创新、勇于实践的精神和提出问题、解决问题的能力为基本目标,以学生在学习生活和社会生活中提出的课题为学习载体,以在项目探究的全过程中获得外显知识和内隐知识为学习内容,以在老师指导下按小组或个人采用探究性学习方式开展学习为基础教学形式的一种课程。

事实上,对于探究性学习方式,已经有了很多种表达形式。从观察课堂教学的角度出发,"自主、探究、合作、开放、生成"是探究型课程课堂教学的主要特征。在课堂中要达到这样的学习状态,需要让学生真正、真实、完整地经历"科学探究"过程。科学探究一般经历提出问题、分析问题、解决问题的过程,与此相对应,"引导、探究、发展"即可作为探究教学的基本模式。

在实际的教学过程中,小学探究型课程能力目标所涉猎的探究技能范围很广,包括观察、实验、调查、信息收集等。因此,面对具体的问题探究,还要依据其问题性质、方法特点进行针对性的教学设计。为此,我们组织教师进行了课堂教学中的分类指导实践研究,而调查类的"问卷调查设计"探究方法的习得便是其一。

"问卷调查设计"是针对现实问题,对其实际情况进行有目的、有计划、有系统的了解,并借以发现问题的实质,探索一定的规律而采取的方法。在指导学生利用问卷调查进行问题探究时,我们依据探究教学的基本模式,设计了"问卷调查设计"课堂教学的基本流程。同时为问题设计提供丰富的素材,注重让学生把握调研的目的和内容、确定调查的方法等。

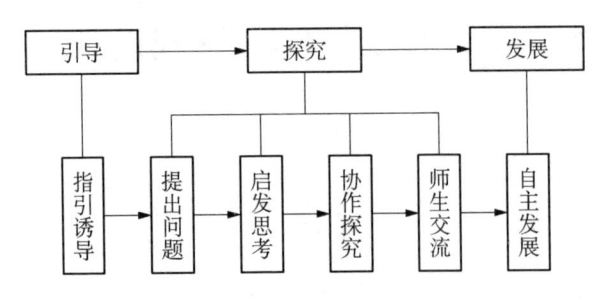

```
引导 → 探究 → 发展
   ↓      ↓      ↓
指引   提出 启发 协作 师生   自主
诱导   问题 思考 探究 交流   发展
```

"问卷调查设计"教学模式的基本流程

基本流程的说明：

1. 指引诱导：选取典型案例，或创设某种情境，激活学生的知识储存，提出探究要求，诱发学生探究的内驱力。

2. 提出问题：在教师引导下，师生共同协商筛选。一旦确定了这个教学出发点或者说学习对象后，教师就要通过问题、任务等多种形式，使用适宜的教学手段来创设与此学习对象相关的学习情境，引导学生进入自主探究学习。

3. 启发思考：这一环节至关重要，所提出的问题应与当前学习对象密切相关，且具有启发性、能引起学生的深入思考，这是探究性学习是否能取得效果乃至成败的关键。这类问题要由教师提出。

4. 协作探究：一般以4—6人小组合作。本环节是探究性教学模式中的关键教学环节。依据探究内容、要求和方法的不同，可采取不同的途径收集信息。在实施过程中要处理好教师与学生的关系。教师起到引导、支持的作用，提供的资源能起到认知工具的作用，要充分发挥学生学习的主动性与积极性。

5. 师生交流：本环节是与前面的自主探究环节紧密相连的。学生只有经过认真的自主探究、积极思考后，才可能进入高质量的协作交流阶段。也就是说，协作交流一定要建立在自主探究的基础之上，才能为学生提供思路交流、观点碰撞、成果分享的平台。教师在此过程中要起到组织、协调、引导的作用。

6. 自主发展：教师引导学生对问题进行回答与总结，对学习成果进行分析归纳，并可联系实际，对其进行深化、迁移与提高。

附:"问卷调查设计"教学设计案例

小学生用眼习惯调查问卷设计

活动目标

1. 通过交流,知道用眼习惯包括哪些方面。

2. 通过小组合作探究,尝试设计一份用眼习惯调查问卷。

3. 在活动中培养合作的意识,培养珍惜眼睛、珍爱生命的情感。

探究方法　调查问卷设计

探究重难点　问题的设计

活动准备　课件、学校卫生室视力检查数据、问卷设计的参考资料、学习单

活动过程

一、指引诱导

> 1. 师:每个学期我们学校都要为同学检查视力。现在大家看到的是我们学校学生视力不良的人数统计表,统计的时间截止到上学期期末。你从表中读到了什么?你们觉得是什么原因导致了这样的状况呢?(学生交流)
>
> 2. 师:刚才小朋友讲了这么多,其实归结起来大家都谈到了一个问题:用眼习惯。(板书)

设计意图:真实的视力检查数据与学生自身密切相关。老师在确定内容时,充分注意到"生活即课程",以最大限度地发挥课程功能为基本策略。注重到学生的现实生活中去寻找课程的内容,更能使学生有感而发,产生了解视力下降原因的探索欲望,引起学生对用眼习惯的关注,为活动的展开作好铺垫。

二、提出问题

> 1. 师:其实用眼习惯在我们实际生活中非常重要,但往往容易被忽视。看,这是在你们课间不经意的时候,老师抓拍到的照片。我们来看看,这些同学在哪些用眼习惯方面有问题?
>
> 2. 教师出示4张照片,学生分析并提建议。
>
> 小结:通过刚才的交流,我们发现用眼习惯包括读写姿势、用眼时间、用眼卫生、用眼环境几个方面。(板书)在用眼习惯方面同学们做得怎么样呢?卫生老师很想了解,你们有什么办法帮助她吗?……对,我们不妨来做个用眼习惯小调查吧,看看大家在这些用眼习惯方面做得怎么样。(板书课题:用眼习惯小调查)

设计意图：4张抓拍的照片再现生动熟悉的学习生活场景，巧妙地将它转化为一个具有探索性和操作性的问题展现给学生。这熟悉的场景让学生了解到用眼习惯包括4个方面：读写姿势、用眼时间、用眼卫生及用眼环境，为后续问卷中问题设计指明了方向。此外，对这样的应景、应人的用眼习惯话题，人人有话可说，每个学生在活动中都能不同程度地实现自我价值，快乐地学习。上述设计基于学生的经验和心理，恰到好处地诠释了生命教育与探究型课程的有机整合。

三、启发思考

1. 师：说到调查，实际上对于我们小朋友来说并不陌生。许多同学以前都被问卷调查过，但是设计问卷还是头一次，所以老师请大家课前收集了一些做过的调查问卷，下面每个小组仔细观察你们手中的这几份调查问卷，然后讨论一下这几个问题（PPT）：

※调查问卷主要由几部分组成？

※各部分主要写什么？

※问卷的题型有哪些？

2. 集体交流，教师随机汇总。（板书：标题、前言、问题）

小结：通过刚才的观察交流，我们知道：调查问卷的设计要素主要有标题、前言和问题三个部分，每一部分都有相应的设计要求。

设计意图：让学生经历观察、讨论、交流的探究过程，总结归纳出问卷设计的要素，为尝试设计问卷搭建了设计支架。学生的学习不是从空白开始的，只有充分重视与学生生活经验相联系，重视与学生储备的各种知识相联系，重视与学生探究能力相联系，教学设计才切实可行。

四、协作探究、师生交流

1. 学生合作设计问卷

师：接下来，我们就根据刚才的发现，参照收集来的调查问卷，小组合作尝试设计一份"小学生用眼习惯"的调查问卷。

PPT出示任务与要求：

※小组合作尝试设计一份"小学生用眼习惯"的调查问卷。

※各组成员进行分工：2人负责前言撰写，4人各自完成问题设计。

※问题设计请先写在纸条上，然后贴在相应的地方。

2. 完成初稿设计，师生交流评议。

3. 调整设计，小组模拟问卷。

设计意图：从初稿的设计、交流到细化问卷设计的具体要求，由展现教师样稿到强化、调整先前的设计，在这一波三折的探究过程中，学生的自主性得以充分发挥。"评议要求""调整方向""教师设计的问卷"不断设计问题支架的交流指导，使得学生拾级而上，解决探究重难点，设计的要求也得以进一步落实和加深，同时也促进了学生合作意识的加强、实践探索设计能力的提高。环环相扣、层层递进、潜移默化地将教师想要传达的关于问卷设计的方法、要求、原则表达出来，既减少了学生在探究活动中的盲目性，又提高了学生的探究能力。随着教学的深入，教师扮演着不同的角色：组织者、参与者和指导者。

五、自主发展

师：通过今天的探究活动，我们尝试设计了一份小学生用眼习惯的调查问卷。但今天我们各小组只是完成了一个迷你型的调查问卷，还需要不断完善，课后，我们可以继续调整和修改问卷，最后我们一起共同汇总所有的问卷，来配合卫生老师开展我校学生用眼习惯的调查问卷，更好地开展防近视工作。

设计意图：总结收获有利于巩固所学。而后续的探究任务将进一步促进学生掌握和巩固问卷设计这种探究方法。学以致用的同时，问卷的设计价值也得以进一步提升。

探究型课程旨在转变学生的学习方式，而只有教师教学方式的转变才能促进学生学习方式的转变。案例显示，在整个探究学习过程中，教师正确处理了"主体"与"主导"的关系，运用各种科学的方法和手段，搭建学习支架，引发学生独立思考、协作探索、相互研讨、提出见解，构建了达成小学探究型课程"问卷调查设计"教学比较典型的、稳定的教学结构和模式。

（赵　萍）

5 基于《教学基本要求》的科学探究教学模式

科学探究能力是科学素养的重要组成部分,是学生通过自然科学学习应具备的关键能力,是学生面向明日世界的科学能力。科学探究作为小学自然学科的目标、内容、理念和学习方式,对小学生创新意识的培养有着不可替代的作用,对学生的终身发展有着不可忽视的影响。学生在科学探究活动中,通过经历与科学工作者进行科学探究时的相似过程,学习科学知识与技能,体验科学探究的乐趣,学习科学家的科学探究方法,领悟科学的思想和精神。强调科学探究过程,有助于推动教学方式的转变。

一、探究要素的能力目标

(一) 小学自然学科科学探究的要素

《教学基本要求》指出,科学探究含有提出问题与作出假设、搜集证据、处理信息、解释问题、表达交流等五个要素。在学生的科学探究中,其探究过程可以涉及所有的要素,也可以只涉及部分要素。科学探究作为教育理念和学习方式,必须渗透在教材和教学过程的不同部分。

(二) 小学自然学科各探究要素的能力表现

科学探究所需要的能力,包括观察、实验能力,思维能力,想象能力,运用科学方法的能力,判断决策的能力,表达、交流与合作的能力等。在小学自然学科学习中,上述能力具体体现在科学探究的五个要素之中,学生科学探究水平分为低水平 L、中水平 M 和高水平 H 三种。科学探究的同一要素,在不同阶段学习内容中先后重复出现,可逐步提高学生的学习水平,增强学习的自主性。具体要求如下:

1. 低水平 L(1—2 年级学生需达到的科学探究能力要求)

探究要素	能 力 表 现
1 提出问题 与作出假设	L11 能根据观察的事物、现象,产生相关的疑问 L12 能口头表述自己的疑问 L13 能对所提疑问的可能答案进行猜想
2 搜集证据	L21 能在教师帮助下,确定简单的探究步骤 L22 初步学会一些简单的观察技能和测量方法,具有安全操作的意识 L23 了解图书、网络等是搜集信息的有效渠道
3 处理信息	L31 能用简单符号、文字记录观察、实验的结果 L32 能将搜集到的资料和数据进行简单的整理
4 解释问题	L41 能尝试对事物的显著特征、变化过程等作简单的描述 L42 能对探究的问题作出简单的解释
5 表达交流	L51 能口头表达观察到的现象和思考的问题 L52 能与同伴交流想法

2. 中水平 M(3—5 年级学生需达到的科学探究能力要求)

探究要素	能 力 表 现
1 提出问题 与作出假设	M11 能根据观察的事物、现象,结合自己的经验和简单的科学知识,发现与科学有关的问题 M12 能用文字、符号简要表述发现的问题 M13 能通过有依据的争论,提出一个或多个可能的答案
2 搜集证据	M21 能在他人帮助下,根据问题和实际条件,尝试制订简单的探究计划 M22 学会使用一些简单的测量工具和实验仪器,具有安全操作的意识 M23 会从图书、网络等途径查找所需的资料
3 处理信息	M31 能用简单的文字、图表记录探究过程和结果 M32 能依据现有的模型和提示,整理材料和数据
4 解释问题	M41 能通过比较、分类、归纳等方法得出简单的结论 M42 能运用证据与初步的结论对探究的问题作出合理的解释
5 表达交流	M51 能用口头或书面表达探究的过程和结果 M52 能与同伴交流探究的过程和结果,并进行简单的评议

3. 高水平 H(部分学生可以达到高水平的科学探究能力要求)

探究要素	能 力 表 现
1 提出问题 与作出假设	H11　能利用一定的方法,识别一些可以探究的、与科学有关的问题 H12　能用规范的语言和文字表述发现的问题 H13　能选择最佳的可能的答案
2 搜集证据	H21　能尝试从不同的角度制订简单的探究计划,具有控制变量的意识 H22　学会选择和使用一些测量工具、实验仪器,具有安全操作的意识 H23　能利用考察、问卷等途径多方面搜集证据
3 处理信息	H31　能合理利用文字、图表等方法记录探究过程和结果 H32　能将搜集到的证据进行初步的归类,具有评估所收集信息科学性的意识
4 解释问题	H41　能尝试将事实与知识之间建立联系;当预想和结果不一致时,尝试作出一些简单的解释 H42　具有对探究过程和结果作出初步评价和反思的意识
5 表达交流	H51　能撰写简单的探究报告 H52　能按照探究目的与同伴进行相互间的交流与评价,改进和完善探究活动

说明:科学探究各要素在不同能力水平的要求采用三位编码,其中第一位的字母表示"水平等级","L""M""H"之间的关系从能力表现的角度是由低到高的递进关系;第二位的数字表示"要素",1 为"提出问题与作出假设",2 为"搜集证据",3 为"处理信息",4 为"解释问题",5 为"表达交流";第三位的数字表示某要素相关要求的序号。

二、探究教学的基本模式

(一)探究教学的基本模式

探究教学是指在教师的指导、组织和支持下,让学生主动参与、动手动脑、积极体验,经历科学探究的过程,以获取科学知识、领悟科学思想、学习科学方法为目的的教学过程。

根据小学自然学科的特点,结合《教学基本要求》,将科学探究教学的基本模式确定为:

```
情境 ⇒ 探究 ⇒ 应用
         ↓
提出问题与作出假设 → 搜集证据 → 处理信息 → 解释问题
         ↑           ↑         ↑         ↑
              表达交流
```

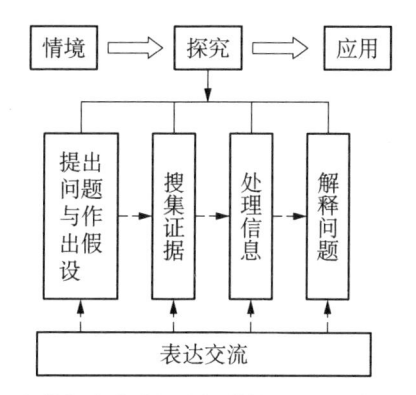

小学自然学科探究教学基本模式示意图

（二）基本模式示意图的具体说明

1. 情境

探究起始于一个问题，如何发现问题或提出问题是探究活动的初始。基于小学生的心理和能力特点，创设一个合适的情境可以激发学生的学习兴趣，进而产生探究的意愿。情境可以通过观察、实验或体验等活动方式呈现，要与学习内容有紧密的联系，并能用探究形成的科学概念进行合理的解释。

2. 探究

在通过创设的情境形成探究的问题后，引导学生尝试根据已有经验和认知对问题的可能答案提出猜想，并对探究的方向和可能出现的探究结果进行推测与假设。学生利用自己设计或教师提供的实验方案借助各种渠道搜集证据，并对搜集到的证据进行合理的处理，最终验证猜想与假设，形成科学概念，并对所探究的问题作出一定的解释。

在探究过程中，要突出学生的表达与表现。在提出问题与作出假设、搜集证据、处理信息、解释问题等过程中为学生提供多样化表达与表现的空间，并适时组织学生对活动进行简单的评价。通过表达与交流，增强学生的合作能力，提高探究教学的效益。

科学探究的五个要素应贯穿学生自然学科学习的全过程；在学生的某个科学探究活动过程中，可涉及所有的要素，也可只涉及部分的要素。

3. 应用

作为探究教学的第三个主要环节，"应用"是用探究形成的科学概念解释一些生产和生活中的简单问题，既是知识的简单应用，也可以让学生体会"从生活走向科学，从科学走向社会"的科学教育的理念。

三、探究教学模式应用案例

（一）课堂教学实施案例

案例名称：《水的压力》

案例提供：徐汇区光启小学　曹庆明

案例背景

《水的压力》一课是沪科教版小学自然教材第六册第七单元《水和空气的压力》的第一课时，属于《上海市小学自然学科教学基本要求（试验本）》"物质科学"领域中"运动和力"主题的内容。本节课围绕"在没有保护装置的情况下，为什么人在水中下潜越深危险越大？"这一科学问题展开，组织学生进行提出问题、设计方案、实验探究、交流表达等探究过程。通过在盛有水的整理箱中"玩水"的活动，正确说出物体在水中会受到压力及压力的方向；通过主动探究"影响水的压力大小的因素"活动，知道水的压力与深度有关，在教师的引导下感受科学技术的发展对于科学探究活动的作用；通过观察"蛟龙号"载人潜水器的图片，在教师的引导下了解水的压力与人类生活、生产有着密切的联系，增强民族自豪感。

案例描述

情境：潜水故事

教师：老师曾经在海南玩过一次潜水，在教练的陪伴下，背上氧气罐潜到十米深的海水中，与漂亮的小鱼、海龟一起游戏，十分有趣，体验非凡。老师在水里给教练发出再下潜的信号，可教练就是不同意。后来上浮到水面，教练说越往下危险越大！

通过教师创设的潜水情境，引出人在水中"潜水"的感受，学生对"在没有保护装置的情况下，人在水中下潜得越深危险会越大"这一问题产生疑问。

活动Ⅰ：感知水有压力

1. 思考：人在水中下潜得越深危险会越大，为什么呢？
2. 体验：在戴好一次性长臂手套后，手伸入盛有水的整理箱中的不同深度处。
3. 小组交流：描述手的感受。
4. 大组交流：分析讨论相关感觉产生的原因。

学生戴着长臂塑料手套伸入水箱中的不同深度处，手套会被紧紧压缩到手臂上——手在水中会受到水的压力。学生通过手上的塑料手套亲身感受到了水有压力,自然就会引发"水的压力来自哪个方向?"的新问题。此时,再通过手的感觉已无法准确判断水压力的方向。学生可以利用底部扎有橡胶膜的塑料瓶代替手放入水中进行观察,通过橡胶膜形状的变化来分析得出水压力的方向。

活动Ⅱ:水压力的方向——四面八方

1. 观察教师的演示,教师用手沿不同方向按压橡胶膜,观察橡胶膜变形的情况,建立橡胶膜变形和力方向的联系。

2. 小组合作,将底部扎有橡胶膜的塑料瓶慢慢插入水中,转动塑料瓶的朝向,观察橡胶膜形状变化的情况。

3. 讨论分析:朝向前后、左右、上下等不同方向时,橡胶模的形状变化,判断受到的水压力的方向。

4. 大组交流:水的压力是有方向的,压力的方向是四面八方。

在利用扎有橡胶膜的塑料瓶进行"水压力的方向"探究过程中,学生会观察到橡胶膜凹陷的程度有所不同,就引发了"水压力的大小会有不同,水压力的大小与哪些因素有关"的新问题。

活动Ⅲ:猜想影响水压力大小的因素

交流:水压力的大小与哪些因素有关?说出猜想的依据。

活动过程中,学生会提出较多的影响因素。在教师指导下,通过合理筛选指向"水的多少"和"水的深度"两个猜想。在筛选出猜想后,设计实验方案验证猜想。此时,选用怎样的器材来比较水的压力大小成为了迫切需要解决的问题。教师出示用相对压强传感器制作的"水压力大小比较仪",用"水压力大小比较仪"代替扎有橡胶膜的塑料瓶进行探究,演示得出水的压力大小与"水的多少"无关。在观察演示的过程中,学生了解了"水压力大小比较仪"的使用方法,并在教师要求下将器材命名为"水压力大小比较仪"。

活动Ⅳ:设计实验验证猜想

小组合作,设计实验方案并验证水压力大小与水深度的关系。

1. 设计实验方案,交流实验任务单。

2. 利用"水压力大小比较仪"探究水的压力大小特点,收集证据,分析数据,验证猜想。

3. 大组交流：水压力的大小与深度有关，水越深水的压力越大。

在教师演示和学生实验的过程中，学生体验了如何控制实验变量，并初步尝试应用了数字化实验系统。

活动Ⅴ：拓展应用

1. 观察演示实验：用"水压力大小比较仪"呈现盛有1.5米深水的有机玻璃圆筒中不同深度水压力的不同。

2. 观看图片："蛟龙"号载人潜水器及相关成就。

3. 师生互动：将扎有橡胶薄膜的塑料瓶插入盛有1.5米深水的有机玻璃圆筒中，直观感受橡胶薄膜形状的剧烈变化，最终橡胶薄膜破裂。

介绍我国"蛟龙号"载人潜水器成就，展现学科育人价值，领略我国潜水科技的发展。将扎有橡胶薄膜的塑料瓶插入较深的水中，直观感受橡胶薄膜被压爆的"震撼视觉"，感受深水的压力。首尾呼应，"在没有保护装置的情况下，为什么人在水中下潜越深危险越大？"这一科学问题得以顺利解决。

案例分析

亲身体验活动，感知水有压力。"活动Ⅰ：感知水有压力"通过教师讲述潜水经历，引出越到深处压力越大的问题，鼓励学生戴上一次性手套并将手伸入水箱，初步感受到水对手有压力且压力有大小。当学生将戴着一次性手套的手伸进水中之后，能够明显感觉到一次性手套产生的挤压感，并且手伸入水中越深，挤压感越明显，分析得出物体在水中会受到压力。

设计这一活动，主要用于落实探究要求"M11 能根据观察的事物、现象，结合自己的经验和简单的科学知识，发现与科学有关的问题""M41 能通过比较、分类、归纳等方法得出简单的结论"，并在解释水对手挤压原因后发现了新的科学问题。

观察体验思考，明确压力方向。"活动Ⅱ：水压力的方向——四面八方"引导学生观察底部扎有橡胶膜的塑料瓶，通过演示帮助其建立起橡胶膜变形和力方向的联系，知道橡胶模凹陷得越深，受到的压力越大。围绕所探究的问题，小组合作进一步探究，将扎有橡胶膜的塑料瓶慢慢插入水中的不同方向，观察橡胶膜是否变形，变形的程度是否相同。通过小组交流，引导学生归纳总结出水的压力的方向是四面八方的，并且在水中，水的压力的大小并不相同。

设计这一活动，主要用于落实"M22 学会使用一些简单的测量工具和实验仪器，具有安全操作的意识""M41能通过比较、分类、归纳等方法得出简单的结论"两项探究要求,在知道水压力方向的同时又发现了新的科学问题。

大胆猜想假设,影响压力因素。"活动Ⅲ:猜想影响水压力大小的因素"由教师提出"水的压力大小与哪些因素有关"的问题,学生思考问题并对其进行猜想。

设计这一活动,主要用于落实"M13能通过有依据的争论,提出一个或多个可能的答案"这一探究要求,并通过教师组织对各种可能答案的筛选,为后续的实验提供明确的指向。

借助先进仪器,完成实验探究。"活动Ⅳ:设计实验验证猜想"利用数字化实验系统探究水的压力大小特点,收集证据验证猜想并填写实验单。借助数字化实验系统,小组合作开展实验探究,学生各司其职,分别展开实验、收集实验数据并进行合作分析,得出探究的结论。最后全班交流,每个小组将将自己的猜想、实验过程、实验结果向全班进行汇报。

设计这一活动,主要用于落实"M21能在他人帮助下,根据问题和实际条件,尝试制订简单的探究计划""M22学会使用一些简单的测量工具和实验仪器,具有安全操作的意识""M31能用简单的文字、图表记录探究过程和结果""M32能依据现有的模型和提示,整理材料和数据""M41能通过比较、分类、归纳等方法得出简单的结论"等探究要求。

应用知识拓展,激发探索欲望。"活动Ⅴ:拓展应用",在知道了影响水的压力大小的因素之后,老师利用数字化实验系统测量1.5米有机玻璃长筒水的压力,通过图片介绍"蛟龙号"载人潜水器及其成就,激发学生探索未来的欲望。最后师生共同将扎有橡胶薄膜的塑料瓶插入透明的深水中,感受橡胶薄膜被压爆,体悟水的压力之大。

设计这一活动,主要用于落实"M42能运用证据与初步的结论对探究的问题作出合理的解释"这一探究要求,既做到首尾呼应,导入情境效益最大化;又是学生学习新知后的应用,有利于巩固所学。

在以上五个活动中,老师不断为学生提供交流与表达的机会,并通过即时的鼓励性评价促进生生互动。

(二)长周期探究项目案例

案例名称:《探究种子的结构与功能》

案例提供:徐汇区高安路第一小学　杨晓旭

案例背景

我校学生生活在市区,绝大多数的学生缺乏发豆芽的经历,但他们对于这颗小小的种子藏着什么有着浓厚的兴趣。不过,他们也存在着年纪小、实际操作能力偏弱、科学知识有局限的客观情况。顺应学生的好奇心,构建难度适中、与课程内容挂钩且有条件能够解决的课题"探究种子的结构与功能",组织学生进行深入的长周期探究。

案例描述

1. 活动目标

(1) 解剖观察种子的内部结构,能描述其组成。

(2) 观察和对比不同实验组生长情况,逐步加深对种子的结构和功能的理解。

(3) 提高实验中操作、观察和分析能力,以及小组合作和沟通交流的能力。

2. 活动方案

本项目为课内外结合的长周期探究活动,主要分为课内学习和课外探究两个阶段。确定这一项目为长周期探究项目,是因为种子的萌发等一些生物性实验需要长期的观察与培养,课堂时间较为短暂,时间跨度不支持我们在课堂上进行观察。因此,我们将种子各个部分的功能从课内延伸向了课外,在时间和空间上合理安排,课内和课外紧密结合,让学生打破单一课堂的局限,体验结构与功能、整体与部分的关系,最终完成结构向功能的理论关联。

3. 活动过程

(1) 第一阶段 课内学习

首先指导学生解剖并观察种子的结构,用放大镜仔细观察各部分的特点,并用铅笔画的形式记录下实验的发现。这是学生对种子结构的初步认识,为第二阶段的课外探究进行知识铺垫。孩子们对种子的结构充满好奇,积极地进行解剖与观察。

问题引入:当学生用肉眼观察了种子中有种皮、胚和子叶三个结构的时候,他们冒出了新的问题:什么最重要?

(2) 第二阶段 课外探究

第一轮实验

国庆节七天假期,让学生选择一些较易获得的植物种子,并将种子分成三组,通过种子中某个部分的缺失来验证相关部分的作用。在这个阶段,教师不用给予学生任何实验操作和步骤上的限制,对记录和报告形式不作限制,让学生自由地参与到探究过程中去。在国庆长假结束后,教师收到了孩子们极具个性的成果小报,每份小报都充分体现了他们不同的过程和思维。

学生结论:①绿豆相较于黄豆、蚕豆等较易发芽,其中蚕豆的发芽时间最长。②A组完整的种子能发芽,B组切除胚保留子叶的种子不能发芽,C组切除部分子叶保留胚的种子,部分学生认为能发芽,部分学生认为不能发芽。

问题1:为什么C组切除部分子叶的种子理论上能够发芽实际却没有发芽?可能有以下两个原因:①可能已经破坏了种子的内部结构,这就是C组切除部分子叶的种子自始至终没有发芽的原因。这告诫学生样本数量过少,多取一些样本可以排除实验的意外。②可能是有的学生在切除部分子叶时,误操作将胚一起切除。

问题的解决:为了减少误操作的概率,我们发现种子从浸泡进水里到发芽会有个涨大的过程,种子涨得越大,切除的失误率越低,于是我们选择将种子浸泡一天后再进行切除。

问题2:有个学生说,在对比实验中,B组切除胚和C组切除部分子叶各取种子的一部分,恰巧这两个部分可以互补。如果我们将一个种子斜向切开,是否可以将有子叶无胚的部分作为B组,含有胚的那部分作为C组?

问题的解决:教师充分肯定了学生的这个想法,认为这个改进具有实际可操作性,并可以节约三分之一的实验材料。

问题3:实验记录应该注意哪些问题?

问题的解决:教师引导学生去思考实验记录应该具备的基本要素,学生经讨论后得出:需有标题、日期、铅笔简化图和文字描述、记录人等。另外,鉴于这些经验的累积,教师需指导学生记录从定性转变为定量,使记录兼具科学性和直观性。最后,学生自己设计了实验表格,分别是每日观察记录表和每周观察汇总表。

问题4:如何记录植物的生长情况?有的学生说可以描绘出植物的形态,判断叶子是不是枝繁叶茂,判断植物长出的茎是否粗壮有力。

问题的解决:教师引导学生将这些文字量化成数据,在原本具有描述性的文字和绘图形式之外,再加上测量和照片,使得实验记录变得更具科学性和直观性。

第二轮实验

第二轮的实验对象选择较容易发芽的绿豆和红豆,实验对照组不变,增加样本数量。实验的形式由个人转变为小组合作。实验记录需要定时做好观察记录。

收获：探究活动持续了近一个月，期间学生能相互提醒相互监督，积极主动参与活动，坚持观察并记录，值得褒奖。学生在试验中不仅培养了持之以恒的精神，还体会到了团队合作的重要性。

问题1：在测量根的长度时，学生发现红豆根长得很长，还会钻过纱布的孔，该怎么测量才能准确？

问题的解决：有学生想到了课上曾用细绳测量过树叶的周长，于是他决定活学活用，也用细绳来测量红豆的根，若将纱布上和纱布下的根的长度加起来，就能得到根的总长度了。

问题2：通过观察汇总表，比较A组完整、B组切除胚和C组切除部分子叶的种子的生长情况，当增加了样本数量后，如何在这些数据中提取有效信息？

问题的解决：教师引入了一个新概念：平均值。取A组平均值代表完整的种子总体的生长情况，取B组平均值代表只有子叶的种子的情况，取C组平均值代表保留胚和部分子叶的种子情况。并指导学生在Excel中绘出折线图，比较A组、B组和C组的生长曲线。

学生结论：①根长到一定长度就会生长缓慢；②切除了部分子叶后，提供的营养不够，茎的高度长到一定程度便逐步变缓。

4. 活动成果

（1）成果小报

（2）汇报演出：在探究活动的尾声，由三位学生为代表，以汇报演出的方式将所学所得展现给全体学生。几位才华横溢的女生为演员设计了角色对白，三位男生分别扮演种子中的种皮、胚和子叶，教师参与旁白，演绎种子萌发的全过程。

案例分析

课内探究，提供课外探究生长点。课内设计"解剖并观察种子的结构"的学习活动主要用于落实"L22 初步学会一些简单的观察技能和测量方法，具有安全操作的意识""L31 能用简单符号、文字记录观察、实验的结果""L41 能尝试对事物的显著特征、变化过程等作简单的描述"等探究要求。同时在观察的过程中，学生会产生新的问题，也就可以落实"L11 能根据观察的事物、现象，产生相关的疑问""L12 能口头表述自己的疑问"两项探究要求。

两轮实验，培养学生合作探究力。教师结合探究和培养合作能力的需要，精心设计了两轮实验,先是学生个体的探究,对于所探究的问题有初步的认识,然后是小组合作的探究,对于所探究的问题有深入的认识,体会到合作学习的快乐。设计两轮实验,主要用于落实"M21 能在他人帮助下,根据问题和实际条件,尝试制订简单的探究计划""M22 学会使用一些简单的测量工具和实验仪器,具有安全操作的意识""M31 能用简单的文字、图表记录探究过程和结果""M32 能依据现有的模型和提示,整理材料和依据""M41 能通过比较、分类、归纳等方法得出简单的结论"等中水平探究要求。同时,第二轮实验还用于落实"H51 能撰写简单的探究报告""H52 能按照探究目的与同伴进行相互间的交流与评价,改进和完善探究活动"两项高水平探究要求。

表达表现,学生探究能力增长点。在整个探究过程中,教师不断为学生提供表达与表现的机会,既有口头表达,也有书面表达,不断提升学生表达能力,促使记录规范化。同时,在活动结束时,"成果小报""汇报演出"又为学生提供了表现的机会,既丰富了学生的学习经历,又提升了学生对科学探究的感悟和学习能力。学生有了充分的表达表现机会,才能更好地达成科学探究各方面的能力要求。

(于 琪)

第五章

艺体学科的"美"与"健"

音乐学科核心素养主要包括审美感知、艺术表现以及文化理解等三个方面;美术学科核心素养主要包括图像识别、美术表现、审美判断、创意实践以及文化理解等五个方面。从学科的角度,音乐和美术也可以被统称为艺术学科,作为一个整体,艺术学科核心素养主要包括艺术感知、创意表达、审美情趣以及文化理解等四个方面。艺术学科强调感知体验、表达表现以及以艺术形式为载体的理解与交流。因此,在音乐、美术等艺术学科教学中,教师要注重通过实践积淀学生的艺术素养,在合作与探究中培养学生的表达和表现能力,并把审美态度作为课堂教学的评价关键。在课堂教学过程中,教师要重视学生的艺术实践体验与感悟,在培养学生艺术素养和艺术兴趣的同时,提高学生审美能力,帮助学生构建起正确的艺术审美观,逐渐积淀和培养其艺术核心素养。体育学科核心素养主要包括体育情感与体育品格、运动能力与运动习惯以及健康知识与健康行为三个主要部分。体育学科强调健康意识与能力,注重实践体验。因此,教师要帮助学生通过体育学科学习,掌握和形成终身体育锻炼所需要的、全面发展必备的体育情感与体育品格、运动能力与运动习惯、健康知识与健康行为。在课堂教学过程中,教师要注重学生的实践体验,通过学习活动设计激发学生的体育兴趣,培养学生的运动能力和运动习惯,让学生了解和掌握科学的健身方法,养成健康的行为习惯。

1 高中艺术学科"感受、迁徙、创作"三环节欣赏教学模式

滕守尧教授在《回归生态的艺术教育》一书中说:"艺术家是人类精神和情感领域的开拓者,他们开拓的痕迹就是人类历史上形形色色的艺术珍品。这些艺术珍品,能使普通人认识到,那些比自己更聪明和在精神领域更富于开拓精神的人听到、看到和想到了什么,是怎样看的和怎样听的。艺术所表现和展示的丰富人类情感世界,往往给人以无形的激发和教育,使人变得更加坚强,更加从容地面对命运的挑战,更冷静地正视不幸和承受不幸,也就是说,虽然艺术不能直接帮助人们摆脱或免遭种种不幸,但却可以使我们觉得自己能够掌握自己的命运。"可见,艺术教育是一种情感的教育,任何时代和地区的艺术作品都不可避免地包含着特定的人类情感和思想信息,而这些人类情感和思想信息又使我们无形中受到感染和教育。

艺术欣赏是人们的感官接触到艺术家所创造的艺术作品时所产生的审美愉悦,是人们以艺术形象为对象的通过艺术作品获得精神满足和情感愉悦的审美活动。因此,通过艺术欣赏教学引导学生感受艺术、体验人类丰富的情感和思想,对于丰富学生的精神世界,净化他们的心灵,培养他们积极乐观的生活态度等,具有重要的作用。艺术欣赏不能仅停留在对艺术的理性认识上,更需要对艺术的感性共鸣。艺术欣赏不仅要有娱乐的作用,更应有教育的意义。

高中艺术课堂中,可通过"感受、迁徙、创作"三个环节,即"感受体验艺术","迁徙分析艺术","创作表现艺术",帮助学生对艺术形成从感性的认识到理性的判断,再到感性的情感升华,逐步达成艺术知识技能的学习,能力的提升,思想情感的培养。主要模式如下图:

```
感受 ⟹ 迁徙 ⟹ 创作
 ⇓      ⇓      ⇓
体验    分析    表现
```

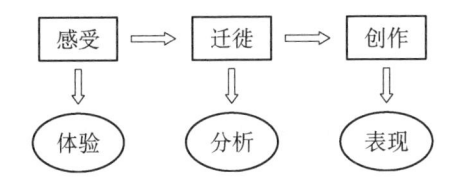

一、感受体验

曾听到有艺术教师这样说:"艺术课堂每周只有40分钟,要达到有效教学效果,需要在有限的教学时间内尽可能地使学生获得最多的知识和技能。"这种分秒必争的教学态度固然可贵,但它对于学生的审美情感培养却是不利的。艺术学习需要学生耐心地倾听和静心地感受。在艺术教学中,教师不应急于让学生学习艺术知识,训练艺术技能,而应引导学生悉心聆听和欣赏艺术,给予学生丰富的感受和体验的空间。学生通过对艺术的感受与体验,充分了解艺术在人类文化发展与传承中的地位和作用,启迪艺术审美意识,升华情感。在艺术感受与体验的过程中,教师不仅要营造安静的欣赏环境让学生静心感受,还应当设计恰当的问题引导学生进行思考,采用合适的聆听、观赏、歌唱、绘画、表演等艺术活动帮助学生理解艺术作品的内涵。教师应把如何引导学生对艺术作品的情感体验放在第一位,使作品中所蕴含的审美特点、思想情感、民族特征、人性体现等尽可能地展现出来,让学生的情感与艺术作品产生共鸣,并从中得到心理上的满足,完成真正的心灵陶冶。

例如,案例《影视中的"音画协韵"》中,教师首先引导学生听赏影片《辛德勒的名单》背景音乐《热情在火炉中燃烧》,让学生根据音乐即兴创作简单的场景图,然后请学生展示自己手绘的场景图,并围绕音乐情绪特点,交流对音乐的理解以及所描绘的场景。在此过程中,教师首先通过引导学生即兴创作场景图自己去体会和感受音乐的内在情绪和特点。然后,带领学生一起哼唱音乐旋律,从音乐的节拍、音域、旋律起伏、音色四个角度交流音乐特点,让学生通过唱旋律,进一步体会音乐中更细节的要素特点,从音乐本体出发,感受音乐。之后,让学生观赏影片视频,师生共同分析剧情和画面色彩特点,感受画面所传达的内涵,进而引出这节课的主要学习内容——影视作品中的"音画对位"表现手法,并通过一个个连贯的问题,引导学生感受"音画对位"表现手法在影片中产生的艺术效果。影片中,音乐是纯真、圣洁的童声合唱,而画面中是此起彼伏的枪声和一个个犹太人在枪声中倒下的情景,黑白的色彩表现了犹太人的黑暗时代,小女孩身上微弱的一点红色突出了其纯洁可爱的形象,反衬纳粹的残暴。此处的音乐和画面情绪完全对立,创作者用音乐反衬杀戮的画面,反映纳粹的残暴和人性的扭曲。学生从最初的听觉感受到视觉感受再到视听结合地感受艺术作品的过程中,不仅从电影创作的角度认识到"音画对位"的艺术表现手法,更能体会到这样的艺术表现手法所创造出的强烈的震撼力,在情感上与影片创作者产生共鸣,进而引发对生命的思考。

"感受体验"是艺术欣赏的基本方式,只有沉浸在艺术作品中,才能真正得到艺术给予人的丰富的情感体验,才能真正理解艺术的含义。

二、迁徙分析

学生对作品的感受与体验是艺术欣赏的基础,在此基础上对其他作品进行迁徙分析将帮助学生进一步巩固所学艺术知识,进一步深化艺术的感受和体验。如果说,"感受体验"是学生在教师引导下进行艺术知识的学习和在情感上与艺术作品产生初步共鸣的过程,那么"迁徙分析"就是学生自己内化所学艺术知识,进一步认识和思考艺术作品的思想情感的过程。在此过程中,教师可以根据学生的学习情况提供与之前相类似的作品或完全不同的作品,引导学生运用之前所学的学习方法去分析和感受作品的艺术特点、表现方法、情感内涵,进一步体会艺术创作者的创作意图,加深情感的共鸣。

例如,案例《影视中的"音画协韵"》的第一环节,教师主要通过引导学生欣赏《辛德勒的名单》中"红衣女孩"片段,了解影片中的"音画对位"表现手法,感受纳粹的残暴,引发学生对生命的思考。而在第二环节,教师首先让学生欣赏《辛德勒的名单》中的另一个片段"机枪中的钢琴曲",让学生自己从剧情,音乐的情绪、风格、节奏,画面色彩等角度讨论和分析音画表现手法,巩固学习"音画对位"表现手法,并进一步体会作品中所要表现的对纳粹的控诉和珍惜生命的感悟。然后,让学生自己欣赏《辛德勒的名单》中"解放"片段,从剧情、画面色彩、构图、音乐等角度讨论分析其中的音画表现手法,自己总结出"音画同步"的表现手法,进而帮助学生理解自由和平世界的可贵。这一环节,学生通过对艺术作品的迁徙分析,加深了对之前所学的"音画对位"表现手法的认识,并自己总结了"音画同步"的表现手法特点。更重要的是,他们学会了透过影片的创作表现手法看作品背后的思想情感和深刻含义。

"迁徙分析"是在"感受体验"基础上的进一步学习与运用,有效的"迁徙分析"可以帮助学生进一步巩固学习内容,强化"感受体验"的结果,深化情感体验。

三、创作表现

创作是艺术的生命，学习艺术最好的方法就是直接参与艺术创作。只有直接参与歌唱、表演、舞蹈、奏乐、绘画、设计等活动，学生才能真正地感悟艺术的真谛，理解艺术的内涵。在教学过程中，教师应引导学生在对艺术作品的"感受体验""迁徙分析"的基础上，运用所学的艺术知识技能，发挥自己的个性，大胆展开联想、想象，将自己对艺术作品的认识和理解及自身的情感通过创作尽情地表现出来。教师应提供尽可能多的机会让学生参与这种创作与表现，使学生通过切身体验激发情感。

例如，案例《影视中的"音画协韵"》中，在前期的"感受体验""迁徙分析"基础上，教师设计了学生课堂作业：为影视插画配乐。这一作业是在单元中前两课时的作业"设计以生命为主题的影视插画"和"为影视插画配语言和音响效果"基础上的进一步创作与表现。这一作业要求学生结合课堂所学习的影视作品中的"音画同步"和"音画对位"表现手法，为以"生命"为主题的影视插画选择合适的背景音乐，并且结合影视插画、现场语言配音、音效和背景音乐进行现场表现和互相评价。通过这一作业，学生将所学的艺术知识进行实践性运用，在运用中进一步理解影视音画的表现手法对电影艺术思想情感的表达所产生的影响。更重要的是，这样的"创作表现"给了学生自我表达的机会，让学生将自己在"感受体验""迁徙分析"环节中所产生的对生命的感悟在"创作表现"中尽情地表达。

"创作表现"能够深化学生的审美情感，学生在前两个环节中所积累的情感将在这一环节找到输出的路径。在"创作表现"的过程中，教师也可以引导学生针对"创作表现"的结果进行合理的评价，让学生通过自评、互评与师评，对所学的结果进行反思、总结与提升，培养学生健康的审美趣味，实现正确的艺术审美。

四、教学案例

课题：影视中的"音画协韵"

（案例提供者：紫竹园中学　陈静如）

（一）教学目标

1. 能辨别并学会分析影视作品中的"音画"关系。
2. 在欣赏影片、讨论交流、活动体验的过程中，学会从音画的角度欣赏电影作品并体会不同"音画"关系所传达的内涵和寓意，体会电影中所反映的人道主义精神，引发对生命的思考。

3. 在以"生命"为题的影视插画创作、交流、评价等过程中,能与同伴分享艺术经验和艺术成果,能运用综合艺术手段进行创作,感悟生命的意义。

(二) 教学重点

了解电影艺术中的"音画对位"和"音画同步"表现手法对表现影片主题所起的重要作用。

(三) 教学难点

能合理地运用"音画对位"和"音画同步"表现手法为自己创作的影视插画即兴配上合适的音乐。

(四) 教学过程

1. 欣赏《辛德勒的名单》中"红衣女孩"片段,了解影片中的"音画对位"表现手法。

(1) 欣赏《辛德勒的名单》背景音乐《热情在火炉中燃烧》,根据音乐即兴创作简单的场景图。

(2) 展示学生的手绘图,围绕音乐情绪特点,交流对音乐的理解以及所描绘的场景。

(3) 哼唱旋律,从音乐的节拍、音域、旋律起伏、音色四个角度交流音乐特点。

音乐特点:三四拍,拍子平稳,音域集中,旋律起伏较小,没有附点类的节奏;女声童声,音色纯净。

(4) 欣赏"红衣女孩"片段,分析片段中的色彩特点,感受画面所传达的内涵。

提问:美好的音乐怎么会出现在如此充满血腥的画面中?

教师:这段影片讲述的是1943年纳粹宣布关闭克拉科夫犹太"居民区",所有犹太人被强行驱赶到普瓦索夫集中营的场景。大家可以看到,大批犹太人被赶往街上,枪声响起,一个个无辜的犹太人在枪声中倒下。

提问:导演运用了怎样的方法来凸显画面的情绪特征?在画面中哪一位人物很快吸引了你的注意力?

教师:画面中穿红衣的小女孩与整个画面的黑白形成对比,导演用色彩上的差异,突出了纯洁可爱的小女孩形象,反衬出纳粹的残暴。

提问:整部影片的色彩为什么都用黑白色?象征着什么?

教师:黑白色的画面象征着犹太人的黑暗时代。

提问：画面中仅有的一点红色象征着什么？

教师：象征着生命与希望。用单纯的象征着希望的小女孩形象反衬血腥的杀戮画面。同时导演通过色彩的对比，向观众揭示辛德勒所关注的那一点红色，而正是那一点红色深深地触动了辛德勒，唤醒了他内心的良知。

(5) 了解"音画对位"的表现手法，感受该表现手法在影片中产生的艺术效果。

提问：画面是血腥的杀戮画面，画面情绪和音乐情绪一致吗？

教师：《热情在火炉中燃烧》是一首圣洁的、表达长辈对小辈美好期望的作品。此时，画面情绪和音乐情绪完全相反。这就是影视作品音画关系中的"音画对位"表现手法。

提问：为何这个片段中，要用"音画对位"的表现手法？

教师："音画对位"的表现手法给人以强烈的冲击力，有力地表现了纳粹的残暴和人性的扭曲。

2. 欣赏《辛德勒的名单》中"机枪中的钢琴曲"片段，从剧情，音乐的情绪、风格、节奏，画面色彩等角度讨论与分析片段中的音画表现手法。

教师：还是那一天，很多犹太人都和穿红衣的小女孩一样试图逃离纳粹的魔掌，他们藏在犹太居民区的各个角落，到了晚上，当一群犹太人自以为躲过了纳粹的扫荡，正准备在夜深人静时从各自藏匿的地方现身时，却遭到了狡猾的纳粹的一次回马枪。请大家边欣赏，边从音画关系的角度分析作品是怎样来凸显纳粹的人性特点的。

(1) 欣赏《辛德勒的名单》中"机枪中的钢琴曲"片段。

(2) 小组讨论。

(3) 学生交流，教师小结。

教师小结：纳粹军官演奏的是巴赫的《英国组曲第二号a小调前奏曲》，作品运用了无穷动的写作方式，有一种强烈的律动，展现了一种活力的状态。而这样一种活力的状态与整体画面情绪中的压抑紧张气氛形成了对比。从另一个角度来看，我们知道复调音乐的特点是：有两条和两条以上的主旋律，且旋律独立，旋律之间没有主次之分。这首巴赫的a小调前奏曲正是采用了复调的因素，展现了旋律之间的互相平等。而画面中的纳粹和犹太人他们是平等的吗？不是。这样一种象征着平等与和谐的复调音乐，反衬了这种不平等的人物关系，进一步突出了纳粹人性的残暴与扭曲。这就是音画对位手法所起到的作用。

3. 欣赏《辛德勒的名单》中"解放"片段,从剧情、画面色彩、构图、音乐等角度讨论与分析片段中的音画表现手法。

教师:在这样的一个夜晚,几乎所有躲在克拉科夫犹太区的犹太人都死在了纳粹的枪下,大家还记得我们之前看到的红衣女孩么?她也没能幸免于难。辛德勒在焚尸场看到了红衣女孩的尸体,也许就是那一瞬间,彻底唤醒了辛德勒内心深处的良知和人道主义精神,小女孩的悲惨命运使辛德勒产生了一个强烈的想法,那就是要竭尽所能地救助尽可能多的犹太人,让他们免受死亡的威胁。一份象征着生命的"辛德勒的名单"让他几乎用尽所有财产,最后挽救了1000多名犹太人的生命。1945年,德国法西斯投降。那些"辛德勒的犹太人"获得了真正的希望和自由。

(1) 欣赏《辛德勒的名单》中"解放"片段。

(2) 小组讨论。

(3) 学生交流,教师小结。

教师小结:画面的色彩由黑白变为彩色,表达了犹太人从黑暗时代来到了五彩缤纷充满希望的世界。特别是犹太人并排走向远方的小镇这一画面让人感受到自由和希望的气息。这里运用了水平构图的方式。水平构图给人一种稳定、宁静、宽广的感觉。同时,音乐也是轻松、质朴、虔诚的。在影片的开始,我们能听到口哨声和吉他声,表达了黑暗中的人们终于见到光明,可以呼吸自由和生命的空气。这一片段的音画关系是"音画同步"。这首音乐作品叫"耶路撒冷金颂",被称为以色列第二国歌,质朴的旋律、虔诚的情感,表达了犹太民族对金城耶路撒冷的无比崇敬和无限希望。音乐在这里进一步加深了画面中平和、稳定的愉悦感。

4. 学生课堂作业:为影视插画配乐。

(1) 教师提出作业要求:

① 在前两课时的作业"设计以生命为主题的影视插画"和"为影视插画配语言和音响效果"的基础上,结合课堂所学,为影视插画选择合适的背景音乐。

② 结合影视插画、现场语言配音、音效和背景音乐进行现场表现。

③ 完成学习记录表。

"为影视插画配乐"学习记录表

班级	
小组名称	
作品名称	
剧情梗概	
影视插画	（另附）
音画解读	
过程与感受	
组内评价	
同学评价	
教师评价	

"为影视插画配乐"作业评价标准

		优良	合格	不合格
过程表现	小组分工	完全自主选择	基本自主选择	不能自主选择
	小组合作	合作默契,相互包容	能相互理解	不够相互理解
	完成情况	完成	基本完成	未完成
	音乐编配	合适	基本合适	不合适
	综合呈现	充分运用影视色彩、构图、声音等元素体现主题内涵和创作意图	基本运用影视色彩、构图、声音等元素体现主题内涵和创作意图	不能运用影视色彩、构图、声音等元素体现主题内涵和创作意图

（2）学生分组完成作业。

（3）学生分组展示和交流作业,并进行自评、互评和师评。

（袁成兰）

2　中学音乐学科"以赏带唱"三环节歌唱教学模式

　　歌唱是人类抒发情感、交流情感的一种自然而普遍的形式,是情之所始、兴之所至。歌唱是音乐与语言相结合的表演,通过美好的声音、清晰的语言表达人们内心丰富的情感。因为歌唱是带有音乐的语言,所以能最直接、最准确、最亲切地传情达意,最易被人们所接受,也最富有感染力,最能引起人们心灵的共鸣。歌唱,在潜移默化中提升我们的修养,修补我们的心智,陶冶我们的情操。歌德说:"音乐具有理性接近不了的崇高一面,音乐能支配所有的东西放射出不可言喻的感化来。"歌唱中,我们内心的真、善、美或被解冻,欢畅流动;或被照亮,如沐春光;或被燃烧,激情万丈。

　　每首歌曲都凝聚着作曲家的强烈情感,作曲家的情感蕴藏在每一个音符之中。情感的表达是歌唱的首要任务,好的演唱者不仅能准确地领会和传达歌曲的艺术,还能自己挖掘歌曲中潜在的情感。因此,在歌唱教学中,教师应引导学生认真地去发掘和领会歌曲的内在情感,帮助学生在理解歌曲的情绪情感、艺术特征、思想内容的基础上用歌声进行真情的表达,让学生逐步学会运用自己的歌声去表现歌曲。学生对作品的理解越深,感受越深,演唱时的表达就越纯真、越完美。

　　初中音乐课堂中,可通过"完整欣赏,感受情感""边赏边唱,理解情感""以赏促唱,内化情感"三个环节,在歌唱教学中融入欣赏感受,以赏带唱,让学生逐步达成歌唱技能的学习、歌唱能力的提升、思想情感的培养。欣赏的内容可以是歌曲原唱、与所学唱歌曲相关的歌曲或乐曲、教师或学生范唱、与歌曲相关的风土人情视频或音频等。主要模式如下图:

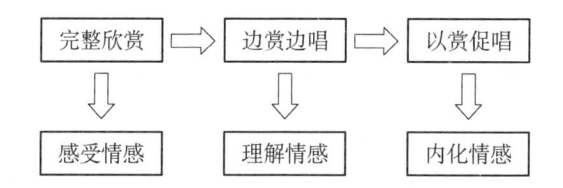

```
完整欣赏  →  边赏边唱  →  以赏促唱
   ↓           ↓           ↓
 感受情感    理解情感    内化情感
```

一、完整欣赏，感受情感

在歌唱教学中，先让学生完整欣赏歌曲，对歌曲的创作背景、风格特点、情感基调有初步认识，对歌曲所要表达的喜、怒、哀、乐有基本的感受，这是学生完整理解歌曲，更好地表达歌曲情感的重要基础。在歌曲欣赏中，要让学生用身去体验，用情去感悟，用心去体会。引导学生的情感与音乐交融，使学生在主动参与和积极体验中了解歌曲内涵。

例如在案例《民歌新声——天边》中，教师首先让学生欣赏原生态蒙古族长调民歌《走马》，了解蒙古族长调旋律富有装饰性、歌声高亢奔放、字少腔长的特点，感知原生态长调的地域特征。然后让学生欣赏歌曲《天边》视频，感受《天边》的演唱中所运用的蒙古族音乐元素，了解《天边》是运用蒙古族长调的特点创作的新民歌，感受《天边》这首歌曲中所表达的作曲家对蒙古草原的深深的眷恋之情。

在此过程中，学生对歌曲整体的风格特征和情感内涵有了初步了解，这对学生理解歌曲和在之后的歌曲学唱过程中正确把握歌曲、表达情感有着重要的作用。

二、边赏边唱，理解情感

歌唱教学的学科核心能力培养侧重点在于"速度稳定感""节拍韵律感""音色音量和谐感""身体姿态""表情与音乐的协调感""按音乐符号、记号、术语表达情感"。而所有这些能力都是服务于情感表达的，只有运用准确的速度、合适的节拍韵律、适度的音色音量、契合的身体姿态和表情以及准确的对音乐符号和术语的表现，才能更好地通过歌声抒情达意，将作曲者的心声传递给听者。因此，在歌唱教学中，通过边赏边唱的方法，根据歌曲的旋律和歌词所表现的音乐形象帮助学生在头脑中形成一幅幅的活动画面，让学生身临其境地感受歌曲，能使学生在理解歌曲的情绪发展和具体意境表达的基础上更真实、更生动地进行歌唱，进而在理解的基础上提升歌唱教学的学科核心能力。

当然，歌唱教学中强调歌唱的情感表达并不意味着忽视歌唱的技能。歌唱教学中,歌唱技能的关注点在于"识读乐谱""演唱基本技能"。这些必要的歌唱技能技巧能使学生更好地表达情感,享受歌唱带来的美。因此,教师应指导学生学习科学的发声方法,尽量把歌唱技能技巧练习融入歌唱学习活动的过程中,为歌曲的审美体验服务。

例如在案例《民歌新声——天边》中,教师在学生初步欣赏歌曲,对歌曲的风格特征和情感内涵有了初步了解后,开始让学生学唱歌曲。首先,指导学生逐句学唱主歌部分旋律和歌词,联想每一句歌词所表现的意境。在逐句学唱的过程中,教师通过一次次的范唱,让学生感受长调中通过装饰音和绵长的气息所表现出来的韵味,让学生通过逐句的欣赏和模仿,表现歌曲的韵味,表达歌词的意境。在教唱歌曲的过程中,教师主要通过关注学生音高、节奏的准确和演唱中气息的连贯,引导学生通过模仿学会自然地表现装饰音的演唱,达成歌曲情感的表现。之后,教师引导学生学唱副歌部分旋律和歌词,并尝试运用之前所学的演唱方法表现长调的韵味,用装饰音符号记录对歌曲的处理。通过个别学生演唱、其他学生点评的过程帮助学生表现自己对歌曲的理解,通过歌声表达情感。在此过程中,教师主要关注的是学生音高、节奏的准确和演唱中气息的连贯,引导学生对歌曲进行合适的演唱处理,引导学生在欣赏其他同学的演唱后进行客观评价,帮助学生提升对歌曲的理解。

整个歌曲学唱的过程中,始终伴随着对歌曲的欣赏。主歌部分,主要通过欣赏教师的范唱,帮助学生逐句理解歌曲,在学会演唱歌曲的基础上理解歌曲情感的发展脉络。副歌部分,主要通过对其他同学歌唱的欣赏,帮助学生在聆听别人的演唱时与演唱者产生情感的共鸣,并表达自己对歌曲的不同理解。

三、以赏促唱,内化情感

在初步学会演唱歌曲,并对歌曲的真情实感有了深入理解后,教师应引导学生用自己的形式对歌曲进行个性化的表达,也就是对歌曲演唱的速度、力度、音调、音色等进行全面的设计。在这个全面设计的过程中,教师可以再次引导学生欣赏原唱对歌曲的处理,发现歌唱者对细节的独特表达,在模仿原唱处理方式的基础上加入自己对歌曲的理解。引导学生对歌曲进行演唱处理的过程中,特别要注重结合歌曲情感的发展脉络处理好歌曲的力度、速度等音乐要素的表现;还要指导学生用合理的演唱方法表现歌曲中的重点字、句,在咬字吐字上、感情上予以强调。将情感贯穿始终,使歌曲的演唱更富有感染力,更富有韵味。

例如在案例《民歌新声——天边》中,当学生能完整演唱歌曲后,教师首先让学生再次欣赏韩磊演唱《天边》的视频,再次感受歌词所表达的意境和演唱者对歌曲的细节处理。然后让学生自己为歌曲设计逻辑重音,通过逻辑重音表现出歌曲《天边》的意境和情感。

在此过程中,学生通过欣赏原唱再次从细节上感受歌唱者对歌曲的处理,然后通过模仿或自己创作的形式对歌曲进行演唱处理,达成情感的内化和表达。

四、教学案例

课题:民歌新声——天边

(案例提供者:上海世界外国语中学 毕克茹)

(一)教学目标

1. 欣赏原生态蒙古族长调和歌曲《天边》,感受蒙古族长调旋律悠长舒缓、歌声高亢奔放、字少腔长、旋律富有装饰性的特点。

2. 在学唱歌曲《天边》的过程中,结合蒙古族长调特有的装饰音和旋律悠长的特点,运用正确的演唱方法、正确的气息及逻辑重音的处理演绎歌词所表现的蒙古族长调歌曲的韵味。

(二)教学重点

通过跟唱和视唱学会演唱歌曲《天边》。

(三)教学难点

能够通过装饰音和逻辑重音的处理唱出蒙古族长调的韵味。

(四)课时关键问题

1. 蒙古长调的主要音乐特点有哪些?

2. 如何在演唱中表现长调歌曲的韵味?

(五)学习评价

活动环节	评价内容	评价要点	目标指向
设计逻辑重音,唱出歌曲《天边》的意境和情感	唱出歌曲《天边》中的逻辑重音	1. 旋律和节奏准确 2. 准确地运用气息,唱出歌曲旋律悠长、意境开阔的特点 3. 对歌曲的逻辑重音有自己的理解,并能在歌唱中进行逻辑重音的表现	目标2

(六) 教学结构与流程

1. 欣赏原生态蒙古族长调民歌《走马》，了解蒙古族长调歌曲的特点。

［环节关键设问］

原生态蒙古族长调民歌有哪些特点？

> 教学意图说明：
>
> (1) 学习要点
>
> ① 感知原生态长调的地域特征。
>
> ② 感受长调旋律富有装饰性、歌声高亢奔放、字少腔长的特点。
>
> (2) 指导与反馈要点
>
> 通过欣赏原生态蒙古长调歌曲《走马》，引导学生初步感受长调的特点。

2. 欣赏歌曲《天边》视频，感受《天边》的演唱中所运用的蒙古族音乐元素，了解《天边》是运用蒙古族长调的特点创作的新民歌。

［环节关键设问］

《天边》的演唱中运用了哪些蒙古族的音乐元素？

韩磊的演唱有哪些蒙古族长调的特点？

歌曲表达了怎样的情感？

(1) 欣赏韩磊演唱《天边》的视频，感受演唱中所运用的蒙古族音乐元素和新的音乐元素。

(2) 感受韩磊的演唱中旋律悠长舒缓、歌声高亢奔放、字少腔长、富有装饰性等长调歌曲特点。

(3) 师生交流歌曲所表达的情感。

> 教学意图说明：
>
> (1) 学习要点
>
> ① 感受《天边》对蒙古族音乐元素的传承和发展。
>
> ② 欣赏歌手韩磊演唱的《天边》，感受歌曲中的长调音乐特点。
>
> ③ 感受歌曲所表达的情感。

(2) 指导与反馈要点

引导学生根据之前学习归纳的原生态蒙古族长调特点,找出韩磊演唱的《天边》中所呈现的蒙古族长调的特点。

3. 学唱歌曲《天边》主歌部分,模仿表现长调中通过装饰音和绵长的气息所表现出来的韵味。

［环节关键设问］

教师的演唱是如何表现蒙古族长调的韵味的?

(1) 学唱主歌部分旋律和歌词。

(2) 模仿教师演唱,感受长调中通过装饰音和绵长的气息所表现出来的韵味。

教学意图说明：

(1) 学习要点

① 正确演唱主歌部分的旋律和歌词。

② 通过装饰音和气息的连贯唱出长调歌曲的韵味。

(2) 指导与反馈要点

① 关注学生音高、节奏的准确和演唱中气息的连贯。

② 引导学生通过模仿学会自然地表现装饰音的演唱。

4. 学唱《天边》副歌部分,尝试用之前所学的演唱方法表现长调的韵味。

［环节关键设问］

如何用之前所学的演唱方法表现长调的韵味?

(1) 学唱副歌部分旋律和歌词。

(2) 尝试用之前所学的演唱方法表现长调的韵味,并尝试用装饰音符号记录对歌曲的处理。

(3) 个别学生演唱,表现对歌曲的处理,其他学生点评。

(4) 根据呈现的谱例,完整演唱副歌部分。

教学意图说明：

(1) 学习要点

① 正确演唱副歌部分的旋律和歌词。

② 能运用主歌部分装饰音的演唱方法自己处理副歌部分的演唱。

(2) 评价要点

① 音准、节奏准确,气息连贯。

② 能通过装饰音唱出长调的特点并进行记录。

(3) 指导与反馈要点

① 关注学生音高、节奏的准确和演唱中气息的连贯。

② 引导学生对歌曲进行合适的演唱处理。

③ 引导学生在聆听其他同学的演唱后进行客观评价。

5. 设计逻辑重音,唱出歌曲《天边》的意境和情感。

[环节关键设问]

韩磊的演唱带给你怎样的不同感受？他是怎样表现歌曲中深深的眷恋之情的？

你能通过绵长的气息来表现歌曲的意境和情感吗？

你能通过逻辑重音的设计来表现歌曲吗？

(1) 欣赏韩磊演唱的《天边》,感受歌词所表达的意境和演唱者对歌曲的处理。

(2) 学习通过绵长的气息和逻辑重音的表达,表现歌曲的意境和情感。

(3) 个别学生交流自己对逻辑重音的设计,并用歌声表现歌曲的逻辑重音,其他学生点评。

(4) 根据呈现的谱例,完整演唱歌曲。

教学意图说明：

(1) 学习要点

① 根据对蒙古族长调旋律、音色、歌词、唱腔的理解,设计歌曲的逻辑重音。

② 用所理解的逻辑重音进行歌曲的演唱。

(2) 指导与反馈要点

引导学生分析理解歌词,避免在演唱歌曲时逻辑重音运用不当。

(袁成兰)

3 中学体育技能课"目标导向活动"教学设计模式

中学体育技能课是以身体练习为主要手段,传授体育健身知识、技能、方法和发展学生体能的基本课型之一,体现身体运动与思维活动的紧密结合。在正常的教学进度中,技能课占课时总数的80%以上,学生获取体育知识,建立动作认知结构,学习运动技能、技战术运用和发展体能都主要通过技能课进行,它对培育学科核心素养有着重要意义。

中学体育技能课"目标导向活动"教学设计是以课程标准为依据,运用教育学、生理学、心理学、物理学等多学科知识,在一定教学思想或教学理论指导下,以教学目标为中心设计教学活动,把握学生知识、技能、能力、情感等实际状况,对教学内容进行系统分析研讨的过程。教学设计应遵循动作技能形成规律、学生身心发展和心理活动变化的规律,承担运动负荷的特点,选择适当的教学方法和手段,对教学过程诸要素进行系统规划。"目标导向活动"教学设计有助于实现教学过程的优化,达到有效教学的目的。

中学体育技能课教学设计要从课程标准出发,对教材进行整体分析,综合考虑学生的身心理特点,制订教学目标,注重目标导向,努力贯彻"基于课程标准,注重目标导向"的指导原则。下面,谈谈我区在探索中学体育学科核心素养教学实践与研究中,体育技能课"目标导向活动"的课堂教学设计模式。

一、中学体育技能课"目标导向活动"教学设计模式图

中学体育技能课"目标导向活动"的教学设计模式是在聚焦学生发展、教学要素两个维度的基础上,按照教学时空维度建构的。"学生发展"维度指在教学设计过程中,

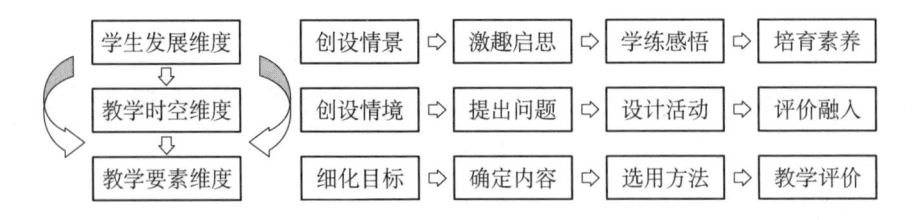

学生发展维度	创设情景	⇨	激趣启思	⇨	学练感悟	⇨	培育素养
⇩							
教学时空维度	创设情境	⇨	提出问题	⇨	设计活动	⇨	评价融入
⇩							
教学要素维度	细化目标	⇨	确定内容	⇨	选用方法	⇨	教学评价

从学生发展的角度去考虑如何创设真实情境，激发学生产生疑问，用真实问题激发学生思考，通过实践活动解决问题，最终提升学生的核心素养。"教学要素"维度指与教师教学直接相关的教学内容、教学过程、教学评价等诸多要素。"教学时空"维度指教学过程的设计需要把握内容维度和方法维度，通过合理实施两个维度的联结，建立起课堂教学结构。

二、中学体育技能课"目标导向活动"教学设计操作流程

1. 研读《课程标准》

《课程标准》是制订教学目标的理论依据，也是教学与评价的方向指导，它宏观抽象，与日常课堂教学目标存在着较大差距。依据《课程标准》细化教学目标，就是要将《课程标准》中比较宏观抽象的目标转化成简单具体可操作的教学目标。因此，教师首先要研读《课程标准》，明确其对教学内容的要求，然后确定教学目标。

2. 分析教学任务

分析教学任务指在研读《课程标准》的基础上，分析教材和学情。首先是教材分析，主要明确教材内容的动作结构、动作方法及与其他课次教学内容、教学重点之间的纵向联系和逻辑关系、理论依据、相关体能，挖掘教材内容的育人内涵，阐明相关知识与技能在教材体系中的地位与作用；分析获取本节知识技能的必要基础、形成的前提条件、主要学习环节和实施要点，以及这一学习过程采用的主要方法、有关情感态度与价值观的要求等。其次是学情分析，包括学生的学习基础、学习兴趣、身心发展规律和学习新知识可能遇到的问题等方面，了解和掌握学生目前已经具备的与本课教学内容相关的知识经验和能力水平等，分析学生之间的差异，确定学习起点，使教学目标设计更有针对性。

3. 编写教学目标

课时教学目标的确定以课程标准为依据，根据教材内容特点和动作技能特征，结合学生年龄特点、身心发展、学习能力的现实水平细化教学目标。拟定的教学目标应

具有针对性、适切性,同时具有可操作性和可测量性,使教学目标对教学内容有导向作用,并确保教学内容对实现教学目标的支撑作用,使教学目标进一步转化为可观察、可测评的教学行为。

教学设计中确定的教学重点和难点是课堂教学实施的着力点。教学重点包含"动作核心"和"技术环节"两个方面,它是动作技术关键环节或某一动作技术的关键点;教学难点是根据学情因素、教材特点以及技能特征确定的,是在解决教学重点时对学生来说最难解决的动作技术或关键问题。教学目标要针对教学重点难点提出不同要求,设计时突出解决教学重点和突破教学难点的策略。

课时目标制订从学科核心素养"运动认知""健身实践""社会适应"入手,按照目标叙写方法和要求制订。教学目标包括四个要素,即以学生的行为为主体、运用行为动词表述行为表现、体现怎么学的行为条件、指学习结果的行为程度。学习结果则分为两种,结果性目标,如80%学生独立完成横箱分腿腾越、提臀分腿和直臂顶肩动作;表现性或体验性目标,如在鱼跃前滚翻学练中,经历同伴间的相互交流与合作,表现出敢于挑战、果断自信的意志品质和互帮互助的责任意识。

4. 设计教学活动

在课堂教学设计中,由教学目标导向教学内容,再以教学手段和方法来表现教学内容,而创设教学情境、根据情境提出相关问题、围绕问题开展教学活动、应用所学技能和动作技能形成规律解决问题是常用的重要教学手段、方法和策略。

技能课活动主要是感受知识与技术、学练技能与方法、身体表现与运用、情感适应等几个方面,学习的要点与关注点主要是知识、基本技术、学练过程、学习经历等。学科能力的侧重点主要是基本技术的掌握、技战术的运用、体育品德的培养等。活动设计主要是解决教学重点的核心环节,它是一节课内多个环节的学生活动设计。设计活动时,先确定活动目标和内容,并将活动内容设计成有效的关键问题,合理选择教学内容,精心设计活动流程,建立起符合动作技能形成规律的教学过程,对于达成教学目标具有关键性作用。活动中,教师不仅要关注活动内容,还要关注活动过程、活动评价等多个方面,注重以问题激发学习动机,以过程丰富学习方式,以评价促进活动效果,实现教学目标、教学活动、教学评价的一致性。

5. 融入教学评价

教学评价的设计意图在于解决教得怎么样和学得怎么样的问题,它包括形成性评价和终结性评价。教学过程中的评价是以学习目标为主的形成性评价,目的在于对目标形成过程的诊断、反馈与矫正,帮助师生完成既定的教学目标。

基于课程标准的教学设计倡导"评价优先",使评价由"对学习结果的评价"转向"促进学习的评价",使评价引领教学活动,并渗透在教学活动之中,从而促进教师的教和学生的学,对教学过程与方法的合理性起调控作用。因此,在教学设计时重视对教学活动的评价进行设计,争取实现教学目标、教学活动、教学评价的一致性。

体育学科以体现运动认知、健身实践、社会适应的核心素养为基础,根据三个维度在课时教学的侧重点,确定评价内容,确立课堂观察点,制定评价标准,如学习表现、技能达成度,检测各维度对应目标的达成情况,让学生参与评价,真正成为学习的主人。

6. 选用教学资源

体育场地器材是进行体育实践课教学的前提条件,是实现教学目标的物质保证。恰当地运用体育教学资源可以促进体育教学活动的有效开展,有助于吸引学生积极参加体育活动,更好更快获取体育知识和运动技能。依据课时教学目标,聚焦教学重难点,根据教学内容和学生的学习需求,分析现有场地器材资源和教学过程中可能需要的教学资源,如自制教具、多媒体等,明确资源对应的学习活动环节、使用的时机、使用的方式、对应的目标和希望解决的问题等,为学生的学习活动提供适切的资源,有利于调动学生的学习积极性,更好地达成教学目标。

三、中学体育技能课"目标导向活动"教学设计课例分析

以十一年级男生《双杠:挂臂摆动屈伸上成分腿坐(6-3)、体能:综合体能(10-3)》教学课为例,对课堂教学设计的有关操作进行简要说明。

(本课教学设计是上海中学俞洁老师2017年中青年教师教学评比一等奖课例)

1. 研读《课程标准》

教学设计前,通过研读课标,明确双杠教学目标:课标中指出"正确做出杠上组合动作并能进行评价"。

2. 教学任务分析(相关分析)

(1)教材分析

双杠挂臂摆动屈伸上成分腿坐是上海市高中《体育与健身》教材基本内容Ⅰ的内

容。由于双杠可以进行支撑摆动、屈伸、腾跃等练习,因此,它对发展上肢、肩带、腹背肌群的力量、腿部的柔韧性、健美形体,提高人体控制能力、空间位置感、协调能力和平衡能力,培养果断、勇敢的心理品质都具有很高的锻炼价值,为学生全面健康生长奠定必备的能力与品格。因此,它对以上相关体能有着很高的要求。

双杠挂臂摆动屈伸上成分腿坐,其动作要点是收腹举腿向后翻臀、屈体后向前上方摆腿、伸髋、展体;动作关键是在摆至近最高点时制动,两臂直臂用力压杠带动上体抬起,分腿成坐撑。本课是单元6课次的第3次课,教学重点:摆腿伸髋方向;教学难点:摆腿伸髋与压臂的配合。

(2) 学情分析

教学对象是上中高二男生,绝大部分学生已具有一定的挂臂摆动和一足蹬地屈伸上成挂臂撑能力,但对于完成杠上难度较高的动作还存在专项力量不足,特别是上肢力量和腰腹力量,以及恐惧杠上运动等问题。男生思维灵活,善于开动脑筋,有较强的分析问题、解决问题和相互学习的能力,对于新知识、新技能有较强烈的学习欲望,但容易忽视团结协作与保护帮助在体育教学中的重要性。教学过程中,教师运用问题引入分析动作关键技术,并因势利导,将安全教育贯穿于课堂的始终,让学生知其所以然,注重合理运用保护与帮助,培养责任、安全意识和团结协作精神。

3. 教学目标到教学过程的设计

(1) 教学目标制订

基于《课程标准》中"正确做出杠上组合动作并能进行评价"的目标要求,围绕学习目标安排教学活动任务,将目标细化为:

① 体验屈伸上成分腿坐的技术动作,领会摆腿伸髋的方向,感悟摆腿伸髋与压臂配合的关键技术(本课动作技术的核心内容,体现学习动作技术的过程);80%左右的学生能独立或在保护与帮助下完成该动作,能合理运用保护与帮助的方法,具有安全活动意识(学习动作技术达成的结果,具有可测量、可观察的特点)。

② 经历垫上、杠上各种辅助和综合体能练习,增强上下肢及腰腹力量,提高身体的空间位置感和姿态(练习内容中所要达成的体能目标)。

③ 积极参与小组的学练和评价,培养学生团结协作、交往沟通、思维分析判断的能力,以及果断自信、挑战自我的意志品质,关注组合学练中的安全,提高学生的责任意识(关于双杠项目所特有的动作组合学练中体现情感态度与价值观的学习

要求)。

(2) 针对教学重难点,提出学习内容与要求

为解决摆腿伸髋的方向的教学重点,设计了由易到难循序渐进的练习内容:①垫上专项辅助收腹举腿翻臀,②垫上收腹举腿翻臀接摆腿制动起身,③杠上屈伸分腿坐(杠上放置绷带),④放置羽毛球标志杆,体验屈伸上成分腿坐的技术动作,领会摆腿伸髋的方向;为突破摆腿伸髋与压臂配合的教学难点,根据学生学习行为表现,设计了由垫上到杠上不同能力要求的练习:①垫上收腹举腿翻臀接摆腿分腿制动挺髋手撑起,②一足蹬地屈伸上成分腿坐,③挂臂摆动屈伸上成分腿坐,感悟其关键技术,并能合理运用保护与帮助方法,具有安全活动和责任感意识。

(3) 设计与实施教学活动

本课设计了六个教学活动,并对活动评价进行设计。每一个教学环节,遵循体育动作技能形成规律和由易到难的教学原则,将教学环节层层推进。通过教学内容的问题化设计,让学生有一定的思考时间,在情境、问题、活动、互动过程中,系统地想、规范地练、大胆地讲,达成练、想、讲的一致性。在问题解决的过程中,要求身体承担40%以上的运动负荷,培育学科核心素养。

六个活动环节

教学目标	教学环节	关键问题	活动流程	评价要点
针对性解决教学的重点与难点,为后续的杠上教学作铺垫	环节一:专项练习 垫上练习: ① 收腹举腿翻臀 ② 收腹举腿翻臀接摆腿制动起身 ③ 收腹举腿翻臀接摆腿分腿制动挺髋手撑起	摆腿伸髋的方向是哪里? 摆腿伸髋与压臂的配合时机是什么?	教师教的活动: 1. 教师语言引导并示范,组织学生练习 2. 观察学生练习,强调要求,个别指导 3. 教师提出观察点:腿的动作和手臂的动作 4. 教师提问:摆腿伸髋的方向是哪里?摆腿伸髋与压臂的配合时机是什么? 5. 教师引导、分析、归纳 学生学的活动: 1. 学生明确要求,集体练习 2. 积极思考,主动体验,二人一组,相互帮助	1. 摆腿伸髋的方向正确且有制动 2. 分腿时机恰当 3. 主动帮助他人

第五章　艺体学科的"美"与"健"　159

(续表)

教学目标	教学环节	关键问题	活动流程	评价要点
学生逐渐适应双杠,增强杠上身体控制的能力	环节二:复习适应 杠上挂臂摆动 ① 小幅度挂臂摆动 ② 挂臂摆动挺髋	挂臂摆动的动作要点是什么?	教师教的活动: 1. 教师语言引导 2. 强调保护与帮助的方法,组织学生4人一组进行练习 3. 巡视、观察学生练习情况,语言提示,及时指导纠错 4. 教师提问:挂臂摆动的动作要点是什么? 学生学的活动: 1. 学生4人一组合作练习,相互保护与帮助 2. 积极思考,主动交流	1. 直臂压杠,前摆送髋与杠平 2. 保护与帮助,站位、时机、方法正确
为后续杠上完成完整动作作铺垫,学生明确小组学习时的职责与分工	环节三:关键动作过渡 挂臂摆动屈伸上成挂臂撑	屈伸上成挂臂撑的动作要点是什么?	教师教的活动: 1. 教师语言引导 2. 强调保护与帮助的方法,组织学生4人一组合作练习 3. 观察学生练习情况,及时纠正错误动作 4. 教师提问:屈伸上成挂臂撑的动作要点是什么? 学生学的活动: 1. 分组练习,相互保护与帮助 2. 积极思考,主动交流	1. 挂臂撑时臀部过杠面 2. 积极参与保护与帮助,明责任保安全
1. 通过观看教师的示范及多媒体课件,学生明确动作要求与方法 2. 通过自制教具的运用,降低练习难度,帮助学生克服恐惧心理,体验正确的技术动作,更好地解决课的重点与难点问题 3. 充分利用小组学习的优势,提高课堂教学效率	环节四:感悟体验 杠上屈伸分腿坐(双杠放置绷带)	屈伸上成分腿坐的动作要点是什么?	教师教的活动: 1. 教师语言引导并示范 2. 讲解示范保护与帮助的方法,组织学生练习 3. 观察学生练习,及时纠正错误 4. 教师提问:屈伸上成分腿坐的动作要点是什么? 5. 启发引导学生,分析归纳教学要点 学生学的活动: 1. 学生明确要求,分组练习,相互保护与帮助 2. 利用iPad录制动作并回放,帮助同伴改进动作 3. 积极思考,主动交流	1. 摆腿伸髋方向正确,手臂主动压杠抬上体 2. 积极参与保护与帮助,明责任保安全

(续表)

教学目标	教学环节	关键问题	活动流程	评价要点
结合学生实际，设计不同的分层练习，引导学生自主练习，帮助学生更好地完成技术动作、巩固技术动作，体验学习的成功与喜悦	环节五：分层练习 挂臂摆动屈伸上成分腿坐 ① 杠上放置绷带 ② 放置羽毛球标志杆 ③ 一足蹬地屈伸上成分腿坐 ④ 挂臂摆动屈伸上成分腿坐	哪种练习方法能帮助自己有效解决自身在动作技术上存在的不足？ 摆腿分腿制动的方向是哪里？ 压臂的时机是什么？	教师教的活动： 1. 教师引导学生根据实际能力选择练习内容 2. 强调保护与帮助的方法，组织学生进行练习 3. 观察学生练习情况，及时纠正错误动作，请学生做演示 4. 适时提问：摆腿的方向是哪里？压臂的时机是什么时候？帮助学生领悟动作要领 5. 引导学生进行动作的组合，鼓励学生进行自我评价和展示 6. 师生共同展示与点评 学生学的活动： 1. 学生根据自己的能力选择不同练习内容 2. 利用 iPad 录制动作并回放，帮助同伴改进动作 3. 积极参与小组学练 4. 和教师一起评议展示	1. 摆腿伸髋方向正确，摆腿分腿制动，手臂主动压杠抬上体 2. 加强自我保护和互相帮助 3. 积极参与小组学练
1. 活跃课堂气氛，减少疲倦感，激发学生的斗志 2. 全面发展学生的身体素质 3. 培养学生团结协作的意识，增加趣味性	环节六：综合体能 体能： ① 下肢 ② 上肢 ③ 腰腹		教师教的活动： 1. 教师语言引导并适当示范 2. 组织学生集体练习 3. 教师通过语言激励学生 学生学的活动： 1. 明确练习要求与方法 2. 伴随音乐，认真练习	合作体验挑战自我

(4) 融入课堂教学评价

评价主要针对教学重点难点、围绕教学目标与教学行为之间的关系进行。以学习目标为基准，选择课堂学习表现和学习结果为评价内容，确立五个课堂观察点和评价标准，检测对应目标的达成情况。

评价内容	课堂观察点	评价标准	对应目标
学习表现	思考交流	善于思考观察与发现问题,主动交流自己的见解,具有分析问题和解决问题的能力	①③
	合作互助	主动给予同伴保护与帮助,善于合作;能在集体活动中承担一定任务,与同伴交流分享	①③
	环境适应	承担中等强度运动负荷,学习过程中表现出果断自信、挑战自我的意志品质和安全责任意识	②③
学习结果	知识运用	运用物理学科知识分析摆腿伸髋技术原理	①
	技能表达	简述挂臂摆动屈伸上成分腿坐各环节动作要领,能独立或在保护帮助下完成动作	①

（5）运用教学资源

双杠教学除了常规的双杠和体操垫外,教师还可以通过多媒体课件的运用,将技术动作以分解的形式、慢动作播放的形式呈现给学生,帮助学生建立正确的动作概念和表象;融入"云课堂"教学理念,利用iPad录制及回放功能,在分组练习时及时将学生的动作反馈给学生,帮助他们及时发现问题、解决问题,避免错误动作的定型;运用自制教具——体操垫、双杠绷带、双杠保护套和羽毛球标志杆,帮助学生克服对杠上运动的恐惧心理,降低练习难度,帮助他们体会杠上正确姿态,明确摆腿伸髋的方向,将教学资源合理融入教学过程中,解决问题,达成学习目标。

教学资源运用

	资源设计	应用环节	解决问题	达成目标
媒体资源	1. 多媒体 2. iPad	1. 在学生分组练习和改进技术动作时,让学生利用iPad将学练的动作录制下来,并进行回放和研讨。 2. 教师结合视频录像强调课的重难点。	1. 摆腿伸髋的方向、摆腿伸髋与压臂的配合时机。 2. 提高动作姿态的连贯性和稳定性。 3. 帮助学生建立自信心,体验成功的乐趣。	1. 利用多媒体课件帮助学生建立正确的动作表象,聚焦教学重难点。 2. 在学生分组自主练习和改进动作阶段,发挥小组学习优势,通过回放录制练习动作,帮助改进相关技术动作。
器材资源	1. 双杠 2. 体操垫 3. 长方形垫 4. 护腕 5. 护肘	1. 进行杠上练习时,让学生佩戴护腕和护肘。 2. 在体操垫和长方形垫上进行收腹举腿提臀、摆腿成坐撑的练习。		1. 保护学生的手腕和上臂,帮助克服对杠上运动的恐惧心理,提高学练积极性。 2. 利用体操垫和长方形垫降低练习难度,体会准确的杠上姿态,帮助学生改进技术动作。

(续表)

资源设计	应用环节	解决问题	达成目标
自制教具 1. 双杠保护套 2. 双杠绷带 3. 杠上标志物	1. 学生进行杠上练习时,将双杠保护套放置于双杠上。 2. 在改进动作和巩固提高阶段,将绷带置于两根横杠之间,让学生躺在绷带上进行练习。 3. 杠上摆腿伸髋成坐撑时,将标志物置于杠的前上方。		1. 帮助学生克服对杠上运动的恐惧心理。 2. 让学生能躺在两根横杠之间,降低练习难度,帮助他们体会杠上正确姿态。 3. 帮助学生明确摆腿伸髋的方向。

本案例从课前设计和课中实施的时空维度,体现"目标—教学—评价"一致性的教学要素维度。通过情境化、问题化、活动化等多元聚合,遵循体育动作技能形成规律,通过模仿体验—分层学练—完整展示的过程,领会摆腿伸髋与压臂配合的关键技术,能独立或在保护与帮助下完成挂臂摆动屈伸上成分腿坐动作技术,合理运用保护与帮助方法,学练中逐步养成安全锻炼习惯、责任意识和果断自信的心理品质,促进学生全面发展。

(吴叶丽)

4 美术单元教学"四环节"课堂教学模式

从单课时教学设计转变为单元教学设计是美术学科落实学科核心素养培育的有效途径。教学设计的转变,必然会促使课堂教学的转型,为了适应这种转型,我们积极探索美术单元教学背景下的课堂教学模式,帮助教师转变教学方式,落实学科核心素养培育。

一、"四环节"课堂教学模式概述

美术课程以对视觉形象的感知、理解和创造为特征,美术课堂教学首先要凸显视觉性,还要具有实践性,追求人文性,强调愉悦性与创造性。美术是一种艺术门类,源于生活并高于生活,依据现有生活中的事物和现象,将自身感受融合其中,创新思维,用各种美术的语言重新表达出这一事物和现象。因此,创新思维是艺术的核心。美术课堂教学要开拓学生的视野,不断改变教学方法,开拓学生的创造性思维,促进学生学科核心素养的发展,提高课堂效率。基于这样的认识,我们实践探索总结了美术单元教学"四环节"课堂教学模式。

所谓美术单元教学"四环节"课堂教学模式是指:根据学生兴趣特点与认知规律,创设陶冶情操的教学情境,创造一个轻松愉快、有趣味的学习环境和气氛。通过目标引领、活动任务驱动,使学生在亲身经历与体验中找到学习美术的乐趣,进而激发其学习兴趣;锻炼学生的观察力和动手能力,发散性思维和创造力,培育学生审美意识和定义自我审美标准。

二、"四环节"课堂教学模式结构框架与操作步骤

1. 结构框架

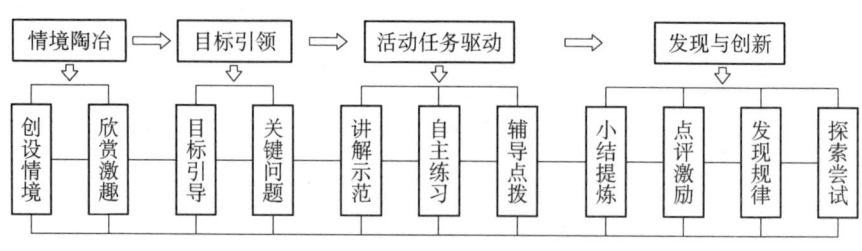

美术单元教学"四环节"课堂教学模式

2. 操作步骤

（1）情境陶冶。创设情境化教学，运用学生的无意识心理活动和情感，加强有意识的理性学习活动，使学生处于情境中，激发学生审美意识，唤起表达美的欲望；引导学生欣赏、议论，引发问题；吸引学生去感受美、了解美、认识美，对学生进行个性的陶冶和人格的培养，提高学生的自主精神和合作精神。

（2）用单元教学目标引领教学。首先编制和确立单元教学目标，在单元教学目标的基础上分析教材、研究学情、制订课堂教学目标。教学中以单元教学目标引领教学，突出目标导趣、目标导学、目标导思、目标导练、目标导评。教学中通过创设生动的教学情境，将美术理念、方法、知识和技能的学习融入学生感兴趣的学习活动中，点燃学生思维的火花，启发学生思维和想象，使课堂教学丰富、新颖、多面、立体；根据单元教学目标的设定要求，科学地配置训练内容，积极组织和指导学生开展各类美术实践活动；鼓励学生以不同的美术媒材、不同的表现方式进行美术创造，使美术表现丰富多彩，充分张扬学生的个性，学生的作业呈梯度渐进的形态。

（3）活动任务驱动教学。让学生体会美学的真谛，进行美术创作的实践，全面提高每个学生的创造能力。通过学习活动设计与学习内容的安排，让学生自主开展美术实践活动，教师穿插讲解、示范、点拨，学生进行参与性的练习而获得理念方法、知识技能，在实践中内化所学的创意，养成积极思维、注意观察等良好的学习品质。

（4）发现与创新拓展课堂教学时空。鼓励学生在创造美的活动中继续探索，鼓励学生到生活中去认知美，表达美。通过小步勤炼，学生所学知识得到系统化、理性化，使其结晶升华，产生质的飞跃；基于单元教学目标进行多样的评价激励，如提问解答、合作讨论、作品点评等。引导学生尝试探索，发现创作途径与灵感，让学生尝一尝、试一试，实践自己的发现，展示自己的感觉，确保单元教学目标得以真正落实。

三、"四环节"课堂教学模式应用

1.《具象与抽象》单元教学案例

单元来源	七年级第一学期第一单元《具象与抽象》	教材版本	上海市九年义务教育课本(少儿版)

（1）单元教学规划

单元类型	美术语言	所属模块	造型表现	所属主题	抽象画
研读《课程标准》	本单元为七年级教学内容，《课程标准》中六至七年级阶段的目标是："掌握适用的造型手段，知道中外美术史上主要的流派，能用美术词汇表达和交流自己的审美感受，选用合适的美术工具、材料和表现手段，在造型表现、设计与创造中较贴切地表达自己的情感和思想，掌握欣赏和评价美术作品的方法。"本单元包含绘画语言、美术欣赏、美术史了解等内容，从对比中了解抽象绘画，通过抽象绘画的体验，突破常规思维，表达情感与主观认识。				
研读"教学基本要求"	与抽象画相关的《课程标准》中学阶段(六至七年级)的学习模块是： 1. 用简练的造型语言创造性地表现常见的事物和丰富的学习生活，传递自己的情感与思想。 2. 形成对美术作品的辨识和审美的基本能力，运用美术词汇表达和交流自己独特的审美感受。 与抽象画相关的《课程标准》中学阶段(六至七年级)的内容与要求是： 1. 了解中外主要艺术流派，表达自己对作品的独特看法。 2. 指导学生较深入地了解和掌握某一画种的特点；对具体学生指导，要注意引导其集中表现自己熟悉和喜欢的对象。对学生造型活动的指导，要注意鼓励学生大胆联想，发展形象思维。 本单元以"造型·表现"领域为主。因此，本单元教材学习内容是：美术表现形式中，对抽象表现形式的理解与体验。				
确立单元主旨	本单元属于美术语言单元(单元类型)。主要教学内容为对比具象绘画，理解抽象绘画的表现形式，体验抽象绘画的表达方式。本单元在对抽象绘画的理解以及尝试对感性思维与非理性思维的表达的基础上规划单元内容。本单元的主旨是：1. 理解抽象绘画。2. 感受与体验抽象绘画的丰富形式，尝试表达主观情感与感受。				
单元课时规划	3课时				

说明：

1. 单元类型：根据美术教材单元内容的主要指向，可以分为美术语言单元、学科门类单元以及主题性综合单元。

2. "所属模块"及"所属主题"是指单元内容对应"教学基本要求"的具体模块

与主题。在"教学基本要求"中,共分为3个模块:造型表现、设计应用、欣赏评述。"造型表现"模块下分为绘画、雕塑两个主题。"设计应用"模块下分为工艺、设计两个主题。"欣赏评述"模块下设"欣赏的内容与方法"一个主题。教师可对应单元内容,依据"教学基本要求"中的相关表述进行填写。

(2) 单元教材教法分析

梳理教材内容
《具象与抽象》单元 ● 抽象画的概念、抽象绘画的艺术观念 ● 抽象绘画与具象绘画的联系、抽象绘画与具象绘画的差异 ● 抽象绘画的类型、抽象绘画的代表画家 ● 抽象绘画的表现形式、抽象绘画的创作方式
整合单元教学内容结构

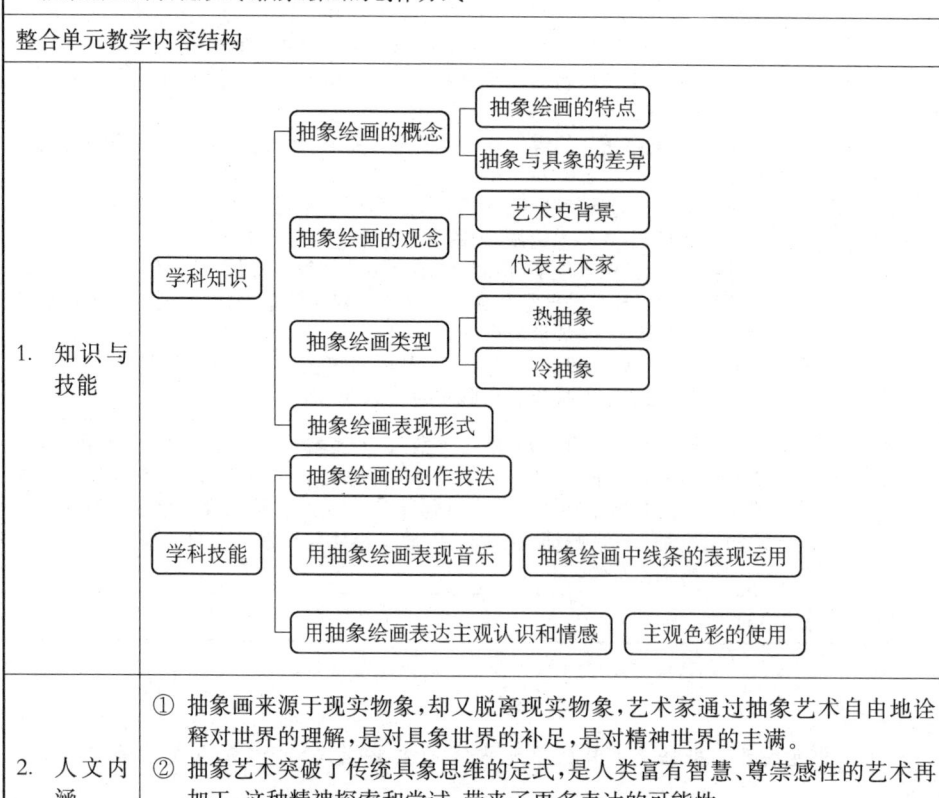

1. 知识与技能	学科知识	抽象绘画的概念 → 抽象绘画的特点 / 抽象与具象的差异 抽象绘画的观念 → 艺术史背景 / 代表艺术家 抽象绘画类型 → 热抽象 / 冷抽象 抽象绘画表现形式
	学科技能	抽象绘画的创作技法 用抽象绘画表现音乐 → 抽象绘画中线条的表现运用 用抽象绘画表达主观认识和情感 → 主观色彩的使用
2. 人文内涵	① 抽象画来源于现实物象,却又脱离现实物象,艺术家通过抽象艺术自由地诠释对世界的理解,是对具象世界的补足,是对精神世界的丰满。 ② 抽象艺术突破了传统具象思维的定式,是人类富有智慧、尊崇感性的艺术再加工,这种精神探索和尝试,带来了更多表达的可能性。 ③ 从抽象绘画的体验中获得的感受力,是对以往忽视的非理性思维与感性思维的重视与放大,是人所需要的一种表达。

(续表)

3. 审美导向	① 感受艺术形式中抒发主观认识和情感的表达魅力。 ② 感受和体验艺术表达的自由性与丰富性。 ③ 欣赏抽象形式的艺术,感受形式语言魅力,提升突破传统思维的审美能力。 ④ 在欣赏抽象作品过程中,体验灵韵,与作品产生情感共鸣或基于经验引发联想,提升生活感受。
预设教学方法	
教师主导——讲授与总结:针对概念性知识以及抽象绘画背后的美术史背景进行讲授,提炼总结核心含义,尤其是具象与抽象的差异、抽象绘画的形式特点等,便于学生理解与记忆。 学生自主——观察与辨析:从抽象化的过程中感受艺术家对具体物象的概括和取舍,甚至是脱离。对比抽象与具象,感受差异,能够辨别抽象绘画与具象绘画,理解抽象绘画的概念。 师生互动——交流与讨论:通过交流感受反馈学习情况,相互促进思维,沉淀理解。通过讨论增加思想碰撞,促进小组合作学习。	
定位学科能力	
关键能力: 1. 理解抽象概念,理解抽象绘画。 2. 运用绘画语言抽象表达主观认识与情感。 其他能力: 1. 培养抽象思维能力。 2. 感受非理性与感性思维,尝试抒发。	

(3) 单元教学目标设计

学情分析	
1. 身心特点	对于七年级的学生来说,理解抽象绘画,尤其是其概念和表达,是有一定难度的,但七年级的青少年们有着表达自己的需求,对抽象绘画抱有浓厚的兴趣及好奇,抽象绘画是一种学生容易接纳且乐于尝试的绘画形式,它自身的趣味性让学生愿意享受体验过程,也是对平常很少交流的非理性思维的一种抒发。所以本单元虽然在理解上具有难度,抽象绘画也似乎与学生有种距离感,但一旦能够进入,便是学生乐于参与的课程。
2. 能力基础与学习要求	能力基础: 通过六年级第一学期的单元课程《体会线的韵律》与《感悟色彩与情感》的学习,对抽象绘画的技法表现以及情感表达做了一些基础训练;通过六年级第一学期拓展内容《像与不像》与第二学期的单元课程《装饰的秩序之美》的铺垫,对非具象及几何形、符号化有了一定了解,这些都为较难理解和运用的抽象画学习打下了基础。 学习要求: 本单元是初中学段美术"抽象画"学习的最高阶段。

(续表)

明确重点	
本单元的教学重点是：理解抽象画的概念，了解抽象画；运用线条与色彩表现抽象画。	
明确难点	
本单元的教学难点是：理解抽象画，运用线条、色彩，表达主观认识和情感，进行抽象画尝试。	
设计教学方法	
1. 落实重点的方法	(1) 对比分析：通过罗列由具象物象一步步提取为抽象画面的图片，直观地展现从具象到抽象的过程，设计具有互动性的"猜猜所画对象是什么""说说作者保留了物象的什么，舍弃了物象的什么""辨别抽象或具象""由具象到抽象进行排序"等活动，让学生逐步理解抽象画概念，感受抽象画的特点，能够通过对比，辨别抽象与具象、抽象绘画与具象绘画的差异。 (2) 游戏体验：通过设置几组形式丰富的抽象画体验游戏，如全班参与的"用符号，说短语，画抽象"，如尝试表达语言转化的"触摸式自画像"等抽象形式体验活动，帮助学生理解抽象绘画的概念，直接运用抽象画表现媒介，体验抽象绘画形式。 (3) 作业形式：将课上的体验活动小作业汇总在单元作业集中，以便对本单元学习的抽象画表现形式与技巧进行梳理，帮助记忆与理解，也能直观地看到形式语言的表现差异，更好地掌握抽象绘画表达技法。
2. 解决难点的方法	(1) 案例讲解：深入讲解抽象画概念，通过互动形式诠释抽象画概念。并通过对抽象绘画代表作的赏析和背景了解加深对这一知识的理解。 (2) 对比分析：比较具象与抽象的概念差异，比较具象绘画与抽象绘画的观念表达、技法运用、画面效果、欣赏角度等方面的差异，加深理解与知识运用。 (3) 讲演示范：本单元对知识的理解与技法的运用，主要依赖于体验活动与课内练习等实践操作部分。需要教师对操作方法有清晰的指导，明确要求，通过示范帮助学生更加直接地理解知识、掌握技法。 (4) 形成观点：通过辩论"具象与抽象哪种形式更好"的学生活动，帮助学生生成自己的理解，总结观点，挖掘具象形式与抽象形式各自有意义的地方。
叙写单元教学目标	
知识与技能：理解抽象绘画的概念，感受抽象绘画特点，区分具象与抽象，与具象相比较；知道抽象绘画观念产生的艺术史背景及代表艺术家；能够辨认抽象绘画类型：热抽象、冷抽象；运用线条、色彩抽象表达主观认识和情感。 过程与方法：通过对比、体验、归纳体会抽象与具象的差异，理解抽象画概念；体验抽象绘画的表现形式，交流感受，小组讨论、合作，尝试抽象绘画的表达。 情感、态度与价值观：突破具象思维框架，启发抽象思维，形式更自由地表达自己的主观认识和情感，感受抽象画的魅力，用主观的方式对现实物象再加工，丰富对现实物象的感受和想象。	

(4) 单元活动设计

活动序号	活动名称	活动目标	活动任务	关键问题
活动1	游戏体验，玩转抽象	游戏体验形式一方面增加学习趣味性，一方面降低了理解的难度，也为之后的作业操作作铺垫。活动中需要学生有所感受，形成对抽象绘画的解读。	本活动属于体验活动。通过几组游戏，理解抽象绘画的概念，体验抽象绘画形式。	1. 完成游戏后，你对抽象绘画有何理解？ 2. 说说体验后的感受，与往常的绘画形式有何不同？
活动2	对比分析，辨别欣赏	通过观察分析具象到抽象的演变，提取抽象绘画的特点，能够辨别抽象与具象作品。	本活动属于分析活动。完成看抽象图片猜具体物象小游戏。能够通过对比，辨别抽象与具象、抽象绘画与具象绘画的差异，总结抽象绘画的特点，并尝试进行评价。	1. 说说抽象与具象的不同，抽象绘画与具象绘画的差异是什么？ 2. 说说这些作品偏抽象还是具象，判断依据是什么？ 3. 能否总结抽象绘画特点，评价喜欢的抽象作品？
活动3	互动感受，小组合作	作业操作前，学生根据主题，相互分享自己的所思所感，每个学生可个性化地保留自己的特点，共同决定小组作最终的作业呈现形式，相互协调调整画面效果。	本活动属于表现活动。实践体验后，交流自己的个人感受，小组合作，协调配合，完成作业。	1. 根据情境假设，你自己的认识与情感感受是什么？ 2. 对应自己的主观认识和情感感受的色彩是什么？

说明：

1. "单元活动设计"是指单元学习中落实教学重点和解决教学难点的主要活动。

2. 原来教学设计中的"课堂练习""作业设计"及"展示评价"，现在均包括在"活动设计"的范畴内。

3. 在设计单元学习活动时，可思考活动的类型：按时间可分为课前活动、课内活动和课后活动三种。按组织形式可分为独立活动和合作活动。按活动性质可分为体验活动、探究活动、表现活动和欣赏活动等类型。可在"活动任务"撰写中进行表述。

（5）单元评价设计

活动序号	活动名称	评价观测点	评价形式
活动1	游戏体验，玩转抽象	1. 参与游戏互动，能够根据要求，顺利完成游戏活动。 2. 在活动过程中体会感受，加深对抽象绘画的理解。	在单元作业集中完成游戏体验，通过学生互评方式，检验学生作业表达有效性，分享感受，对学生感受进行即时点评。属于课堂练习形式。
活动2	对比分析，辨别欣赏	1. 根据抽象画联想具象实物，能够理解抽象画提炼的部分。 2. 理解抽象、抽象绘画的概念，观察抽象绘画特点。 3. 感受抽象与具象的差异，能够在作品中进行辨别。	学生口头表达，分析抽象与具象的差异，老师进行即时点评和总结。属于课堂练习形式。
活动3	互动感受，小组合作	1. 能围绕主题，分享自己的个人想法及感受。 2. 小组成员能够相互协调，小组作业中既能包容每位成员的独特感受，又能相互协调，通过色块大小的对比和摆放的疏密关系，达到更好的画面效果。	通过小组合作形式设计课内作业，完成小组作品后进行组长自评、学生互评和老师点评、打分等评价方式。属于作业设计形式。

说明：

"单元评价设计"是指针对"单元活动设计"的评价设计。

(6) 单元资源设计

资源类型	资源内容	资源使用
素材资源	相关文本、图片资料：具象到抽象图例或作品 音频资料：音乐或视频学习资料	抽象画体验游戏活动所需的相关理论支持及准备材料，如让学生有直观感受或能够区分辨别的具象作品、半抽象作品与抽象作品，以及引发学习兴趣的导入视频，与课堂活动结合的综合资源——音频等。
技术资源	实践技术资源：教具、学具、材料、上色工具、裁剪黏贴工具、单元作业集 信息技术资源：多媒体、课件	本单元选取的与教学内容直接关联的素材资源主要是用于抽象画的各种绘画工具和材料，如上色工具、铅笔、画笔、画纸、剪刀、胶水等以及单元作业集。教师可以利用它们在单元学习的各个阶段保障学生进行有效实践，形成学习成果。单元作品集能够帮助学生更好地梳理学习过程、技法知识，成为对学习经历和创作过程的记录。
环境资源	美术专业教室	

说明：

1. 资源类型：美术单元资源可分为素材资源、技术资源和环境资源。①与教学内容直接关联的素材资源是指文本、图像、实物、生活经验等。②保障学科教学开展的技术资源可分为实践技术资源和信息技术资源。如教具、模型、配套工具与材料、网络、多媒体、课件等。③教学环境资源如美术专用教室、校园以及拓宽学习内容和美术实践活动范围的民间作坊、历史建筑、场馆等。

2. 教师还可以根据活动环节来设计资源，并思考资源使用的目的。比如，激发学习兴趣、帮助学生理解、便于学生观察、便于操作与体验等。可在"资源表述"中进行描述。

课时教学设计(详案)1

课题　从具象到抽象

课时　共三课时　第一课时

教学目标

知识与技能：理解抽象绘画的概念，感受抽象绘画特点，区分具象与抽象，与具象相比较；了解抽象绘画的一些艺术家代表及观念产生的艺术史背景。

过程与方法：通过对比、体验、分析、归纳去体会抽象与具象的差异，理解抽象画概念和表现形式。

情感、态度与价值观：启发抽象思维，感受抽象与具象的差异，尝试形式不一样的抽象表达体验，感受抽象画的魅力。

教学重点　理解抽象绘画的概念，能够辨别抽象绘画，感受其与具象绘画之间的差异，了解抽象画的表现形式。

教学难点　理解抽象、抽象绘画的概念，能够辨别抽象绘画，对比抽象绘画与具象绘画。

教学资源　多媒体、图片资料、教具、纸笔。

教学流程与活动

教学环节	导入与新授课
活动序号和活动名称	活动一：从具象到抽象
活动目标	理解抽象的形成，从常规的具象思维，过渡到抽象思维中，感受抽象与具象的差异，为学生理解抽象绘画概念作铺垫。
活动任务	1. 根据抽象图片猜测原本想要表现的具象实物。 2. 根据具象到抽象的过渡过程，进行图片排序。
关键问题	1. 通过这张图片，能猜测出一开始是想要表现什么具象实物吗？ 2. 根据图片，能够推测出从具象到抽象，一步步精简提炼的过程吗？说说每个阶段删减了什么，保留了什么？ 3. 说说抽象与具象有什么关系。
活动资源	图片资料、教具。
活动要求	1. 学生根据从具象到抽象的过程，对所给图片进行排序，所有学生能达成一致。 2. 能说出两两图片之间，删减了什么，保留了什么，最终提取了这个事物的什么本质元素。
活动评价	师生互动，请学生回答问题。请主动想要尝试的学生，在黑板上使用教具进行排序，并鼓励其他学生提出质疑，直到达成一致。
活动说明	本活动既"落实重点"——帮助理解抽象绘画的概念，感受与具象绘画之间的差异；也"解决难点"——帮助理解抽象、抽象绘画的概念。

教学环节	新授课
活动序号和活动名称	活动二：什么是抽象和抽象画
活动目标	理解抽象、抽象画概念，能够辨别抽象绘画，了解抽象绘画的一些艺术家代表及观念产生的艺术史背景，知道一些抽象画的表达形式。
活动任务	1. 能够听懂、理解抽象、抽象画的概念。 2. 完成师生互动抽象概念体验活动。 3. 抽象绘画辨别练习。 4. 了解抽象绘画产生背景、代表艺术家（即上一个活动使用的选项）和他们的艺术观念。
关键问题	1. 说说你理解的抽象、抽象画的含义。 2. 活动中哪里体现了精简，哪里体现了转换？ 3. 以所学概念为判断依据，能否选出以下图片哪些是抽象画？
活动资源	背景资料、图片资料、教具、多媒体。
活动要求	1. 通过师生合作能够与班级同学达成共识，体验抽象画含义。 2. 能够解释抽象画概念。 3. 能够完成抽象画辨识练习。
活动评价	课堂师生互动和问答形式。
活动说明	本活动既"落实重点"——理解抽象绘画的概念，能够辨别抽象绘画，感受与具象绘画之间的差异，了解抽象画的表现形式；也"解决难点"——帮助理解抽象、抽象绘画概念，能够辨别抽象绘画。

教学环节	练习
活动序号和活动名称	活动三：对比抽象与具象
活动目标	感受与具象绘画之间的差异，对比抽象绘画与具象绘画，进一步加深对抽象画概念的理解。
活动任务	说出抽象绘画与具象绘画的差异，总结抽象绘画的特点与意义，感受抽象绘画的欣赏角度。
关键问题	1. 抽象绘画与具象绘画有哪些差异与联系？ 2. 抽象绘画填补了具象绘画哪些难以表达的方面？ 3. 你认为抽象绘画有哪些特点？有什么意义？ 4. 欣赏传统具象绘画的方式适用于欣赏抽象绘画吗？可以由哪些角度去欣赏抽象绘画？
活动资源	同主题、类型接近的具象绘画与抽象绘画图像资料。

(续表)

活动要求	1. 能够说出抽象绘画与具象绘画的差异,并进行总结。 2. 在思考抽象绘画与具象绘画的差异的过程中,感受抽象绘画的特性与意义。 3. 形成一定的抽象绘画欣赏意识。
活动评价	课堂师生互动和问答形式,在单元作品集中总结要点,记录自己的认识。
活动说明	本活动既"落实重点"——加深对抽象绘画概念的理解,帮助感受抽象绘画与具象绘画之间的差异;也"解决难点"——加深对抽象、抽象绘画概念的理解,对比抽象绘画与具象绘画,并拓展学习了抽象绘画的欣赏方式。

教学环节	课内作业
活动序号和活动名称	活动四:抽象画体验活动——触摸式自画像
活动目标	感受抽象画,尝试抽象画的表达,加深学习体会。
活动任务	尝试创作自己的抽象自画像,运用连贯的线条绘制,在过程中体会抽象绘画提炼精简和语言转换的特点。
关键问题	1. 为什么触摸式自画像属于抽象画? 2. 这个活动是否体现了抽象绘画的特点? 3. 通过本节课的学习、比较、分析、体验,你对抽象绘画的感受是什么?
活动资源	范画、纸笔、裁剪工具、装裱工具。
活动要求	根据活动要求,完成体验作业,将练习的作业装裱成为一件作品。
活动评价	学生互评,小组推选最优作品进行展示。
活动说明	本活动既"落实重点"——通过体验和感悟加深对抽象绘画概念的理解,体验了一种抽象画的表现形式;也"解决难点"——加深对抽象绘画概念的理解,并将拓展学习的抽象绘画的欣赏方式,通过小组间相互评价学生作品的方式运用,在运用中形成自己的审美感受。

课时教学设计(详案)2

课题　音乐与抽象画

课时　共三课时　第二课时

教学目标

知识与技能:将音乐与抽象画相联系,了解尝试用绘画语言表达音乐的抽象艺术家,感受抽象艺术表达的丰富性,初步知道线条的情绪表达,尝试用线条表现所听的音乐,完成抽象绘画作业。

过程与方法:以音乐与抽象画为主题,体验抽象画的表现形式,尝试运用线条的表现力,抽象地表达主观感受。

情感、态度与价值观:连通音乐与美术,提升对抽象的感性认识的感受力和表达力,尝试用主观、自由的形式去表达,丰富感受和想象,体会抽象画的魅力。

教学重点 了解结合音乐创作的抽象画家和他们的表现手法,感受线条的表现力,结合音乐,尝试运用线条表达主观感受。

教学难点 理解结合音乐创作的抽象画家们的创作理念,能够感受线条的表现力,结合音乐,运用线条表达主观感受,完成抽象绘画作业。

教学资源 动画视频、图片、音频资料、范画、画笔、纸等。

教学流程与活动

教学环节	导入、复习
活动序号和活动名称	活动一:看得见的音乐
活动目标	1. 复习具象绘画与抽象绘画的差异,以及各自表达的方向。 2. 了解用抽象绘画表现音乐的形式。
活动任务	根据视频感受画面与音乐的结合,通过具象绘画与抽象绘画对音乐的表达,复习上节课知识,感受音乐与绘画的联系。
关键问题	1. 听音乐,想象画面,观看视频,你有想象出与视频中不一样的画面吗?请描述。 2. 观察这两幅同样描绘"爵士乐"的具象画与抽象画作品,说说两者的差异和侧重。 3. 选出你认为最匹配这幅抽象画的乐曲。
活动资源	动画视频片段、图片、相呼应的音乐资源。
活动要求	能够根据音乐展开想象画面,感受音乐与画面的联系。能够回顾上节课所学知识,说出同样描绘"爵士乐"的两幅具象绘画和抽象绘画的差异,能够根据画面猜测匹配的音乐。
活动评价	学生描述,课堂师生互动和问答形式。
活动说明	本活动既"落实重点"——感受用抽象绘画的方式表达音乐,为知识重点作铺垫;也"解决难点"——了解结合音乐创作的抽象画及其表现形式,结合观看视频、选择配对等活动形式,使学生更易理解难点内容。

教学环节	新授课
活动序号和活动名称	活动二：抽象艺术家与音乐
活动目标	知道结合音乐创作的抽象画家和他们用绘画手法表现音乐的方式，了解著名的抽象画家的艺术探索过程。
活动任务	观察抽象画家表达音乐所使用的绘画技法，感受画家表达的角度，知道这几位代表艺术家的背景知识。
关键问题	1. 艺术家运用了什么绘画语言组织画面？ 2. 观察作品，分析艺术家通过抽象的表现技法，想要表达音乐的什么？你从画面中感受到了什么？
活动资源	多媒体、图像等资料。
活动要求	能够观察出艺术家的表现技法，了解艺术家是如何运用绘画技法表达音乐的。
活动评价	课堂师生互动和问答形式。
活动说明	本活动既"落实重点"——了解结合音乐创作的抽象画家和他们的表现手法，也"解决难点"——理解结合音乐创作的抽象画家们的创作理念。

教学环节	新授课
活动序号和活动名称	活动三：感受线条的表现力
活动目标	1. 感受线条的个性和情绪表达及相应的表现技法。 2. 以用线条表达音乐的范例，感受线条的表现力及线条与音乐能给人带来的相类似的主观感受，并能进行匹配。 3. 尝试运用线条的表现技法表达所听音乐，为之后完成作业作铺垫。 4. 通过学生互评的形式，感受抽象表达的有效性。
活动任务	1. 根据不同的线条表现技法，体会相对应的视觉感受。 2. 感受线条的表达与音乐的表达相呼应的地方，进行匹配。 3. 根据所听音乐，尝试用线条表现。 4. 学生相互分享，根据学生作品，猜测相应音乐编号，若能被正确识别，即为较有效的表达。
关键问题	1. 运用同样的造型要素——线条，不同的表现方式给人什么不同的感受？ 2. "读"线条，猜音乐，说说你认为这两者相呼应的地方。 3. 猜猜同学们运用线条表现的音乐，能不能识别出相对应的音乐编号？说说猜测依据。
活动资源	多媒体、范画、音频资源等。

(续表)

活动要求	1. 能体会不同线条表现形式的视觉感受差异。 2. 能够感受线条表达与音乐表达的共通部分,能根据线条匹配音乐。 3. 能够运用线条表达音乐,若能被其他学生识别,即为相对优秀的有效抽象表达。
活动评价	师生互动、生生互动,课堂问答、作业互评。
活动说明	本活动既"落实重点"——感受线条的表现力,结合音乐,尝试运用线条表达主观感受;也"解决难点"——能够感受线条的表现力,结合音乐,运用线条表达主观感受。

教学环节	课内作业
活动序号和活动名称	活动四:作业——笔下的音乐
活动目标	1. 运用线条的表现力表达音乐,以线条为媒介,感受抽象绘画结合音乐的绘画语言表达,完成一幅简易抽象画。 2. 通过相互评价,加深对抽象绘画的理解、感受,增加鉴赏评论经验。
活动任务	1. 根据所听音乐,用线条表达,完成一幅用线条构成的抽象画。 2. 相互评价作业,分享创作感受。
关键问题	这个音乐给你什么感受,能否运用线条去表达,以画面形式呈现?
活动资源	音频资源、范画、笔类工具(铅笔、水笔、马克笔、毛笔等)、纸、裁剪工具。
活动要求	能够运用线条表达所听音乐,用线条构成抽象绘画。总结创作体会,尝试评价他人作品。
活动评价	学生自评、互评,教师根据画面表达和评价语言评估学习程度。
活动说明	本活动既"落实重点"——运用线条的表现力,结合音乐,尝试用线条表达主观感受;也"解决难点"——能够结合音乐,运用线条表达主观感受,完成抽象绘画作业。

课时教学设计(详案)3

课题 抽象与主观色彩

课时 共三课时 第三课时

教学目标

知识与技能:能够辨认抽象绘画类型:热抽象、冷抽象;运用色彩抽象表达主观认识和情感。描述抽象绘画的概念和特点。

过程与方法：通过对比、体验、归纳体会热抽象与冷抽象的差异；体验主观色彩的表现，相互交流感受，小组讨论、合作，尝试抽象绘画的表达。以辩论的形式阐述对抽象绘画的理解并体会具象、抽象绘画各自的意义，总结本单元所学知识。

情感、态度与价值观：体验以主观的、抽象的思维方式看待事物，表达对事物的感受，提升感受力。通过知识的学习、运用、回顾、进一步学习，最终形成自己的理解，转换为观点进行阐述，整个过程递进了学习层次，加深了认识。

教学重点　知道热抽象与冷抽象两种抽象类型，体验并尝试运用色彩表达主观感受和情感，完成以色彩为构成主体的抽象画作业，能够归纳、总结、阐述本单元所学抽象绘画相关知识。

教学难点　能够辨别热抽象与冷抽象，尝试运用色彩表达主观感受和情感，并以色彩为媒介完成抽象画作业，能形成并阐述自己对抽象画的理解，总结本单元所学知识。

教学资源　图片资料、上色工具、彩纸、铅画纸、卡纸、裁剪黏贴工具、单元作业集。

教学流程与活动

教学环节	导入、复习与新授课
活动序号和活动名称	活动一：如果抽象画有冷暖
活动目标	1. 复习上两节课所学抽象绘画相关知识，反馈知识掌握。 2. 知道抽象画的类型：热抽象、冷抽象，及代表画家。 3. 能辨别热抽象与冷抽象，把握两种抽象类型的表现特点。
活动任务	1. 回顾上两节课所学知识。 2. 学习热抽象、冷抽象相关知识，比较热抽象与冷抽象的差异。 3. 辨别热抽象与冷抽象。
关键问题	1. 根据所学知识，说说康定斯基与蒙德里安抽象作品的差异。 2. 如果抽象画有冷暖，你认为哪幅是冷抽象，哪幅是热抽象？你的理由是什么？ 3. 能辨别以下作品哪些是热抽象，哪些是冷抽象吗？说说依据。
活动资源	多媒体、图片资源。
活动要求	能回忆并运用上两节课所学的抽象绘画相关知识。能够辨别热抽象与冷抽象。
活动评价	课堂师生互动问答形式。
活动说明	本活动既"落实重点"——知道热抽象与冷抽象两种抽象类型，也"解决难点"——能够辨别热抽象与冷抽象。

教学环节	新授课
活动序号和活动名称	活动二：小小评论家
活动目标	循序渐进了解抽象绘画的鉴赏方式，感受抽象绘画中的主观情感，回顾六年级所学色彩与情感的知识，体验色彩的情感表达。
活动任务	1. 感受作品，找对应的形容词。 2. 欣赏作品，谈个人感受。 3. 复习色彩与情感相关知识。
关键问题	1. 以下形容词哪些比较匹配这幅作品？说说你的感受，尝试鉴赏作品。 2. 谈谈作品中的色彩使用给人带来的画面效果，说说你对色彩的主观感受。
活动资源	多媒体、图片资源。
活动要求	感受抽象绘画的主观情感表达，尝试鉴赏抽象绘画作品，感受作品中的色彩情感，能够表述自己的体会和观点。
活动评价	配对题，课堂师生问答形式。
活动说明	本活动既"落实重点"——感受色彩表达主观感受和情感，也"解决难点"——理解色彩表达主观感受和情感。

教学环节	课内作业
活动序号和活动名称	活动三：互动感受，合作作业
活动目标	将对色彩的感受运用于抽象绘画中，通过小组间交流分享感受，在协作中激发更多想法，丰富画面效果，完成围绕主题、以色彩为主要构成的抽象画作业。
活动任务	实践体验后，交流自己的个人感受，小组合作，协调配合，完成作业。
关键问题	1. 根据情境假设，你自己的认识与情感感受是什么？ 2. 对应自己的主观认识和情感感受的色彩是什么？ 3. 根据同学的作品，谈谈你的感受。
活动资源	多媒体、范画、上色工具、各类纸、裁剪黏贴工具。
活动要求	1. 能围绕主题，分享自己的个人想法及感受。 2. 小组成员能够相互协调，小组作业中既能包容每位成员的独特感受，又能相互协调，通过色块大小的对比和摆放的疏密关系，达到更好的画面效果。 3. 完成小组色彩抽象作业。

(续表)

活动评价	学生自评、小组互评,教师进行点评。
活动说明	本活动既"落实重点"——体验并尝试运用色彩表达主观感受和情感,完成以色彩为构成主体的抽象画作业;也"解决难点"——尝试运用色彩表达主观感受和情感,并以色彩为媒介完成抽象画作业。

教学环节	总结
活动序号和活动名称	活动四:单元总结辩论赛
活动目标	1. 运用本单元所学知识,以辩论的形式阐述对抽象绘画的理解并体会具象、抽象绘画各自的意义。 2. 整理、归纳、总结本单元所学知识和收获。
活动任务	1. 比较本课色彩抽象画作业与过去同一主题的具象画作业的差异。 2. 辩论赛活动:抽象绘画与具象绘画哪个更好?立足于对抽象绘画和具象绘画都有一定了解的基础上,探讨各自的意义与价值,可结合个人理解。 3. 整理、归纳、总结本单元所学知识,整理修饰本单元的作业,形成单元作业集。
关键问题	1. 同样的主题,本节课的色彩抽象画作业与之前大家完成的具象画作业进行比较,有哪些差异?创作过程中有哪些不同的体会?你更喜欢哪种形式? 2. 你喜欢具象绘画还是抽象绘画,觉得哪种绘画表现形式更好?站在不同的立场,进行论辩,根据自己的认识,说出自己的观点。 3. 能否梳理本单元所学知识及三节课的学习感受?
活动资源	过去完成的同一主题的具象画作业,单元作业集(包含作业单)。
活动要求	1. 根据自己的理解探讨具象绘画与抽象绘画各自的意义,并进一步挖掘各自价值。 2. 能够将本单元所学内容、学习经验,提炼为自己的观点,分享自己的想法。 3. 总结单元学习感受。 4. 记录学习感受,整理单元作业集。
活动评价	学生投票评价,学生互评,在单元作业集中记录单元收获和学习体会,教师检查、点评。
活动说明	本活动既"落实重点"——能够归纳、总结、阐述本单元所学抽象绘画相关知识;也"解决难点"——能形成并阐述自己对抽象画的理解,总结本单元所学知识。

2. 点评

每位学生都具有创新的品质。教师应"信奉"美术教学过程具有创造性,引导学生用科学的方法来观察研究和表现客观物象的形态、结构、比例、明暗、色彩、立体、空间等。整体观察、认识和表现物象的能力,是学生记忆、想象、形象思维和创造能力的重要表现形式。

学生课堂"主人翁"地位的确立。学生对知识建构的过程本身就是探究的过程,探究精神是培养创新精神的基础。学生在教师的指导下,通过独立作业练习来获得技能、技巧。

教师应运用精练的语言,结合欣赏来讲述概念、原理、法则,直观演示方法,引导设计思维,指导操作。通过实践,培养学生对形式美的感受能力。

(黄展新)

后　记

当前,基于课程标准教学已成为课程与教学研究实践领域的核心。随着学科核心素养培育概念的提出,我们在承担上海市教育科学研究重点项目暨哲学社会科学一般项目《基于课程标准教学的区域性转化与指导策略研究》的探索实践中,深深地感到教师的课堂教学始终是重点和关键,小小的教学空间承载着太多的教学观念和思想,是经验智慧的集散地,同时也是课程与教学生态体系中问题的聚集地。

教师的功夫在课堂,课堂教学领域存在的大量经验和待解问题,不断向我们提出挑战,也提供了巨大的思考探索空间。当前课程改革正步入深水区,新的课程标准陆续颁布,学科核心素养培育成为行动的指针,在此背景下,基于标准,以育人为宗旨,以能力为导向,以知识建构为基本特征的课堂教学成为主流。正是基于这些需求,早在项目研究的中期,我们在构建课程标准转化为课堂教学的工具支架体系时就开始思考微观课堂教学的落实,并展开一定的实践探索。尤其是近两年来,随着课堂教学价值追求由单纯知识传授向素养整体培养转型,我们的探索也随之不断深入,形成了初步而系统的经验。本书就是这些经验和思考的集中呈现。

本书既是教师已有经验的梳理提炼,更是新形势下针对课堂教学问题的新探索,是广大教师和研训员集体智慧的结晶,在研究过程中,各学段和各个学科教师扎根课堂,以项目团队的方式展开连续性的循证探索,边实践、边总结、边推广,形成了各种学科"三维多源聚合"课堂教学范式指导下具体的实践模式,尽管这些实践探索还是初步的,不少地方有待进一步完善,但是它为后续更加广泛深入的系统研究奠定了坚实基础。

本书根据不同学科分为五章,每章收录课堂教学模式若干篇,每篇既有该模式的基本含义、结构与流程,又有翔实的案例分析,呈现课堂教学范式形态的多样性与个性化。既给读者以范式基本规约的框架性把握,又能给予灵活性、创新性实施的启示。本书由李文萱策划并组织撰写,实践案例与分析部分由各学科研训员分别撰稿,全书由李文萱等负责统稿定稿。

在我们研究和实践期间,得到了来自各方面领导和专家的悉心指导和帮助。上海市教委原主任尹后庆、市教委教研室主任徐淀芳、华东师范大学课程与教学研究所所长崔允漷、华东师范大学胡慧闵教授以及上海市教委教研室原主任孙元清老师等对本项目的研究提出了很多宝贵的意见和建议,徐汇区教育党工委书记王莉韵,教育局原局长庄小凤、现任局长王彤对我们的研究给予了大力支持。在此,我们对上述领导和专家深表谢意!